Gerd Fischer (Hrsg.)

Bockenheim schreibt ein Buch

40 Autoren erzählen aus ihrem Stadtteil

Ein Lese- und Bilderbuch

mainbook

*Ein herzliches Dankeschön an die Jurorinnen: Daniella Baumeister,
Ingeborg Bellmann, Ulrike Boessneck-Voigt und Andrea Habeney*

Covermotive:
„Ginnheimer Spargel" (der zu Bockenheim gehört) © Georg Dörr
Wasserhäuschen in der Franz-Rücker-Allee, Frühjahr 2015 © Georg Dörr
Obere Leipziger Straße, Frühjahr 2015 © Enrico Sauda
Bockenheimer Warte, 1976 © Volker Erbes

Gerd Fischer (Hrsg.) Bockenheim schreibt ein Buch
© mainbook Verlag Frankfurt, 2015

Gestaltung: Anne Fuß
Bilder: Georg Dörr, Enrico Sauda, Volker Erbes (siehe Quellen)

Weitere Titel www.mainbook.de

ISBN 9783944124803

INHALT

Vorwort von Gerd Fischer 7

1. Typisch Bockenheim 8

Regula Portillo
Jaques und wir, die auswärtigen Bockenheimer 9

Arri Dillinger
Mein Bett in Bockenheim 13

Helen Esther Zumpe
Wahre Bockenheimer Nöte 16

Volker Erbes
Warte steht, Turm fällt 27

Isabella Caldart
Die Suche 37

2. Bockenheim, früher 42

Peter Kurzeck
In Bockenheim, in Frankfurt am Main. Das Jahr 1984 43

Irina Sturm und Tilman Krömmelbein von Nostalgiekarte.de
Bockenheimer Hinterhof 58

Helmer Boelsen
Bockenheimer Weltmeister 61

Ruth Krämer-Klink
Eine Liebe in früheren Zeiten 65

Jeffe Mangold
Eispalast 71

Walther Dunkl
Ein Bockenheimer Blumenstrauß 79

3. Bockenheimer Uni 80

Mia Beck
Studium Generale 81

Edeltraut Damerow
Gesprengtes Elfenbein 86

Sabine Koeppe
Linksrum, rechtsrum 87

Claudia Kreipl
Back to Bockenheim – Zurück auf Anfang 93

Christian Viets
Der wahrscheinliche Anfang vom Ende des Suhrkamp Verlages 102

M.I.Grant
Elfenbein & Nilpferd 104

Paul Pfeffer
Adorno und der Fußball/
Mach nicht so ein Theater, Theodor 114

4. Bockenheimer Beobachtungen 116

Ulla Krenz
Eine 88-jährige Bockenheimerin erinnert sich 117

Torsten Gaitzsch
Wo die wilden Zäune wohnen 118

Frauke Haß
Der graue Mann 120

Dominique Petre
Gott wohnt in Bockenheim 124

Manfred Hofacker
Als die Straßenbahnen noch durch die Leipziger Straße fuhren 127

Gisela Becker
Auf der vergeblichen Suche nach dem
Seniorenfitnessparcours in der Zeppelinallee 128

Angelika Angermeier
Die späten Tage 133

5. Mein Bockenem 140

Irmgard Naher-Schmidt
Bockenem unn's Westend net ze trenne 141

Hans Eckert
Alte Bücher 146

Stefan Geyer
Ödland 150

Tanja Zehnpfund
Immer wieder Bockenheim 152

Inoszka Prehm, Lady of Camster
Endlich daheim 155

Otto Ziegelmeier
In Erinnerung an einen, der gerne hier war 162

6. Junges Bockenheim 166

Suzanne Lisa Cadiou
Ein Stadtteil in vier Abenteuern 167

Jannis Plastargias
AT KOZ 172

Janine Drusche
Leise Liebe in Bockenheim 179

Anna Honecker
Begegnen in Bockenheim 185

Gerald A. Maier
Ein Bayer in Bockenheim 187

7. Bockenheim rockt! 194

Hanna Rut Neidhart
O- W- G Gräfstraßen Rap 195

Andreas Asendorf
Die Festhalle rockt! 197

Gerald A. Maier
Bock auf Bockenheim 199

Edgar Born
Sprechstunde bei Doktor Flotte 201

Autoren 206

Quellen 210

MEIN. DEIN. UNSER BOCKENHEIM

Geschichten aus dem Stadtteil

Zuerst gab es die Idee: Lasst uns ein Bockenheim-Buch machen! Okay, aber wie? Bockenheim schreibt ein Buch! Alle können mitmachen. Alle, die etwas zu Bockenheim zu sagen haben, ob professionelle oder Hobby-Autoren. Menschen, die den Stadtteil prägen. Und umgekehrt.

Im Spätsommer 2014 den Aufruf gestartet. Es soll eine Anthologie entstehen. Originelle, lustige, bewegende, berührende, freche, persönliche, spannende Geschichten. Hauptsache es geht um Bockenheim. Wir bekamen eine bunte Vielfalt, verschiedene Sicht- und Herangehensweisen. Es hat Spaß gemacht, die Texte zu sichten und in diesem Buch zu vereinen. Eine unabhängige Jury hat Texte von 40 Autorinnen und Autoren ausgewählt, die ein buntes Bockenheimbild entwerfen.

Zwischen Messegelände und Niddapark, Rebstock und Palmengarten, vom Friedhof bis zum Westend – in Bockenheim ist immer was los. Das zeigt nicht nur die bewegte Historie. Das reicht bis heute. Die Uni. Die Studentenproteste in den 60ern und 70ern. Der Kulturcampus. Die Leipziger. ExZess. Senckenberg-Museum. Die Bockenheimer Warte. Das Depot. Die Menschen. Kulturen. Multikulti. Nicht zu vergessen die Schattenseiten. Gentrifizierung und Mietpreisexplosion. Alteingesessene Bockenheimer werden vertrieben. Probleme, die dadurch entstehen.

Die Geschichten liegen auf der Straße. Und nun haben wir 40 davon in diesem Buch vereint.

Wir haben uns sehr über die große Resonanz gefreut. Leider konnten wir nicht alle Texte im Buch aufnehmen. Sie vermissen etwas? Es liegt in der Natur der Sache, dass ein solches Buch kein vollständiges Bild von Bockenheim aufzeigen kann. Aber wir haben die Texte ergänzt durch Bilder des früheren und heutigen Bockenheims.

Ich wünsche Ihnen viel Vergnügen, den Stadtteil aus der Perspektive von 40 Autorinnen und Autoren neu zu betrachten. Sicher entdecken auch Sie – wie ich – vieles, was Sie noch nicht über Bockenheim wussten,

Ihr Gerd Fischer, Verleger mainbook

BOCKENHEIM
TYPISCH

Typisch Bockenheim

Regula Portillo

Jaques und wir, die auswärtigen Bockenheimer

Unsere Kinder besuchen in Bockenheim den Kindergarten, wir wohnen in Bornheim. Insofern kommen wir jeden Tag von auswärts nach Bockenheim. Allerdings kämen wir auch von auswärts, wenn wir in Bockenheim wohnen würden, denn von unserer vierköpfigen Familie besitzt niemand einen deutschen Pass. Trotzdem sind wir Bockenheimer, irgendwie. Wir sind es geworden, indem wir täglich die Leipzigerstraße und ihre Seitengassen auf und ab spazieren und dabei längst herausgefunden haben, wo es den besten Kaffee und im Sommer das leckerste Eis gibt, den würzigsten Käsekuchen, die süßesten Datteln, indem wir Spielplätze kennenlernten, öffentliche Toiletten aufsuchten, uns in Buchhandlungen spätere Lieblingsbücher empfehlen und einpacken ließen.

Als der Großvater aus Mexiko zu Besuch ist und nach dem Abholen aus dem Kindergarten Appetit auf eine kräftige Zwischenmalzeit verspürt, wird er von meinem Sohn zu einer Metzgerei auf der Leipzigerstraße geführt. Schnitzelbrot, sagt der fünfjährige Knirps, ein Schnitzelbrot müsse es sein für den Abuelo, der abgesehen von ein paar wenigen Worten kein Deutsch versteht. Ich beobachte die Szene aus dem Hintergrund, beobachte den Metzgermeister, der sich von meinem Sohn geduldig erklären und übersetzen lässt, wie sich der Großvater das Schnitzelbrot wünscht.

Als Großvater und Enkel schließlich herzhaft in Großvaters Schnitzelbrot beißen, zwinkert mir der Metzgermeister zu. Er komme ursprünglich aus Italien und habe das Spanisch des Jungen problemlos verstanden, habe aber dem kleinen Dolmetscher einfach so gern zugehört und ihn deshalb reden lassen.

Der Metzgermeister kommt von auswärts – wie sehr ich in diesem Moment diesen buntgemischten und herzlichen Ort doch liebte!

Auf der anderen Straßenseite sitzt ein älterer Mann auf dem frostig kalten Boden, leicht schaukelt er seinen Oberkörper vor und zurück und bittet die Passanten mit flehendem Blick um Geld. Ich begegne ihm fast täglich, werfe manchmal ein paar Münzen in den Pappbecher, der vor ihm steht – andere Male, ich gebe es zu, ignoriere ich ihn absichtlich.

Heute gelingt mir das nicht, das schlechte Gewissen plagt mich, als wir mit unserem lecker duftenden Schnitzelbrot an ihm vorbeigehen. Ich bleibe stehen und frage ihn, ob er auch eins möchte. Er nickt mehrmals, zeigt auf seinen Mund, immer wieder.

Ja, ein Schnitzelbrot, wiederhole ich und blicke zur Metzgerei, nicht sicher, ob er meine Frage verstanden hat.

Dann erst merke ich, worauf mich der Mann hinweisen will: auf seine fehlenden Zähne!

Gulasch, s'il vous plait, sagt er und lacht mich freundlich an. Dass er mit den wenigen Zähnen, die ihm geblieben sind, nicht zubeißen kann, versteht sich von selbst – ich nicke und als ich auf das Aufwärmen der Gulaschsuppe warte, wird mir bewusst, wie relativ es ist, von auswärts zu kommen.

Seither sind ein paar Wochen vergangen.

Noch immer schreite ich täglich die Leipzigerstraße auf und ab, spaziere vorbei an der Metzgerei und dem Ort, an dem der Mann gesessen und dankbar seine Gulaschsuppe entgegen genommen hat – ich erschrecke: Er sitzt nicht mehr dort.

Warum nur, und wo könnte er denn hingegangen sein?

Als ich in die Straße einbiege, wo sich der Kindergarten befindet, denke ich noch immer an ihn. Vielleicht, überlege ich, heißt er Jaques und ist in Richtung Süden gefahren.

Ich hoffe, dass es Jaques gut geht. Jetzt, wo er nicht mehr da ist, weiß ich, dass auch er Teil von Bockenheim war, Teil von meinem Bockenheim – Jaques, ein Auswärtiger wie ich.

Fast wie in Paris –
auf der oberen „Leipziger"

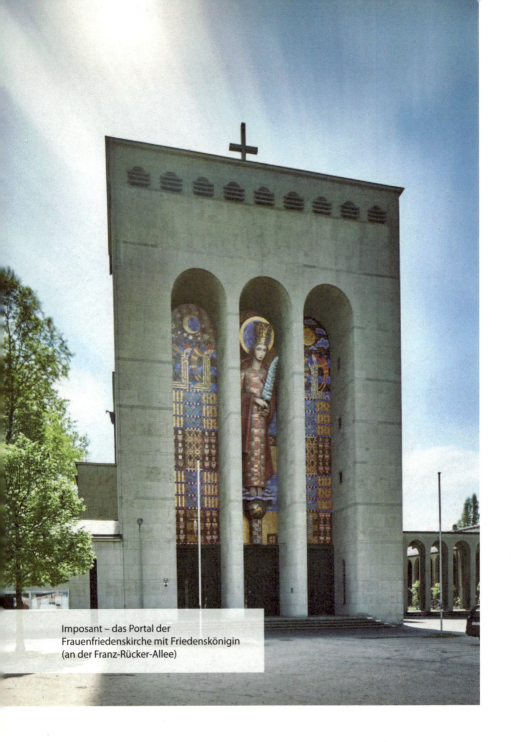

Imposant – das Portal der Frauenfriedenskirche mit Friedenskönigin (an der Franz-Rücker-Allee)

Arri Dillinger

Mein Bett in Bockenheim

Hab ich alles? Habe ich mich?

Es wird schon dunkel und der Wind beißt mir in die Nase. Kalt. Meine Mütze?

Ja, da muss ich nicht nachschauen. Die hab ich immer auf. Auch im Sommer. Und darüber die Kapuze. Auch immer da. Auch im Sommer.

Die Kapuze schützt die Mütze mit den Ohrenklappen, die Mütze den Kopf und der Kopf das, was da drinnen ist. So muss das sein.

Der Türke gegenüber dem Obststand auf der Leipziger ist noch offen. Er hat ein Ausgabefenster. Ich stell mich da manchmal hin. Da seh ich direkt auf den dicken Dönerfleischkloß. Es riecht gut aus dem Fenster.

Manchmal, nicht oft, aber doch manchmal, wenn ich es schaffe, ganz lange stehenzubleiben und anklagend hindurch zu starren, krieg ich ein türkisches Brötchen mit zu lang gebratenen Fleischstücken. Mmhh!

Ich seh meinen Atem, eine kleine graue Wolke, wenn ich schnaufe. Bin jetzt schon ein ganzes Stück die Markgrafen hoch. Seh die Markuskirche, die ja jetzt keine Kirche mehr ist, wie mir einer erzählt hat. Da glitzert etwas vor den Kirchenstufen.

Ich geh mal schnell auf die andere Seite und guck mir das Ding an. Ach, ist nichts, nur ein runtergetretenes Blech. Aber der Raureif darauf, der ist schön.

Heut Nacht wird es richtig kalt werden, denk ich. Gut dass ich mein Bett habe. Was zu trinken wäre nicht schlecht. Aber ja, ich hab ja noch was, eine Dose Bier, gut eingepackt. Wenn ich im Bett liege, werd ich sie aufmachen.

Ich friere an den Fingerspitzen. Die Spitzen meiner Handschuhe hab ich abgeschnitten. Dann fühl ich was, ohne die Handschuhe auszuziehen. Jetzt fühl ich nur, dass es eisig ist.

Ich zieh mein Haus hinter mir her. Es ist aus stabilem Metall. Und gut eingerichtet. Ganz unten die Isomatte mit dem gerollten Schlafsack. Darüber die grüne Plastikplane. Falls es regnet. Oder so. Die Tüten liegen drauf. Festgeknotet. Hab sie fest im Blick. Ordnung muss sein. Das hab ich gelernt, irgendwann einmal, ja, ist wohl lange her, aber ist wichtig, wichtig. Man kann sich daran festhalten, mit den Händen, mit dem Kopf.

Die Karre ist von Hans. Hans, den es schon lang nicht mehr gibt. Am Main, im Februar, in einer Nacht erfroren. Ja, wann war denn das? Weiß nicht mehr. Auch egal.

Eine Frau von der Kirche hat ihn mir gegeben. Mit schönen Grüßen von Hans, hat sie gesagt. Ich denke ab und zu an ihn, wenn ich packe. Es ist wichtig an einen zu denken, auch wenn er nicht mehr da ist. Hat die Frau von der Kirche gesagt. Sie hat recht, glaub ich.

Aha, da ist die griechische Kneipe, gegenüber der Schule. Nur ne Kneipe. Essen gibt's da nicht. Aber viele Gummibäume im Fenster. Wie im Urwald. Hat Griechenland eigentlich nen Urwald? Man kann gar nicht richtig sehen, was die Männer da drinnen machen. Sie trinken. Ach ja.

Bin gleich da. Freue mich aufs Bett. Heute Morgen zwei, am Mittag mit Jens drei, Bier natürlich, und am Nachmittag die Flasche Wein mit Edmund am Bernusplatz. Das macht schön schläfrig. Sitze gern da auf der Bank vor der Post. Man hat seine Ruhe und kann die Leute beobachten. Die gehen oft mit dicken Packen unterm Arm hinein und kommen dünn wieder raus.

Manchmal kommen sie an unserer Bank vorbei. Wenn ich sie treuherzig anstrahle, kann es sein, dass ich nen Euro bekomme.

Ich hab da übrigens so meine Methode, wie ich die Leute zu was bringe. Zum Essen verlange ich nie Geld, nur Brötchen, Schokolade, Wasser oder was es sonst noch so in den Geschäften gibt, vor denen ich sitze. Das klappt gut. Sachen verschenken die Leute lieber als Geld. Das Geld, das ich kriege, ist natürlich für Bier. Bier schenkt einem nämlich keiner. Und schön Kulleraugen machen und ein bisschen wehmütig gucken. Das klappt wirklich gut.

Die scheiß Ampel an der Sophienstraße ist natürlich rot. Wie immer, wenn ich hier ankomme. Hier wartet kein Mensch bei diesen Minusgraden. Die sind alle zu Hause. Und die paar Autos. Schnell 'rüber, dann bin ich gleich da.

Jetzt sehe ich es. Mein Bett. Gott sei Dank. Es ist noch frei.

In der Saukälte steht auch keiner an der Haltestelle. Gut getroffen.

Ein bisschen Intimsein beim Insbettgehen muss sein.

Die Bank unter dem Haltestellenhäuschen ist noch aus Holz und ganz glatt und gerade. Nicht wie die modernen Dinger, die Sitzschalen haben. Holz ist schön warm.

So, jetzt nachdenken. Erst das Plastik, dann die Matratze und zum Schluss den Schlafsack. Anorak anlassen. Schuhe aber aus und ordentlich unter die Bank. Wer braucht schon stinkende Füße?

Ich liebe mein Bett. Mein Bett in Bockenheim. Es gibt nichts Besseres. Jetzt, in kleinen Schlucken das Bier. Es dreht sich so wunderbar im Kopf. Den Schlafsack ganz hoch bis zur Nase, die Augen schließen und davonfliegen. Ich höre ganz weit hinten die 16 kommen, die Melodie der Tram lässt mich hineinfallen in den Traum, von dem ich, verdammt, am nächsten Morgen nichts mehr weiß.

Helen Esther Zumpe

Wahre Bockenheimer Nöte

An einem Augusttag 2014 schließe ich das Stadtteilbüro auf. Erst die Routine: Post sortieren, Holzbänke nach draußen, „Kundenstopper" aufstellen, PC hochfahren, Mails checken. Da einige offene Rechnungen bestehen, bin ich unfreiwillig zur Kröteneintreiberin, Do-it-yourself-Fundraiserin und Stiftungsgelder-Antragstellerin mutiert, mit mir eroberte die leidige Bürokratie ein selbstorganisiertes Büro, das aus einer Bürgerinitiative hervorging. Fördermittel zu beantragen erfordert besondere Nerven: vorgegebene Formulare mit zu engen Spalten und Mini-Linien, zehnseitige Begründungsvordrucke, Finanzierungspläne.

Eine hereinklingelnde Mail vermeldet das Ende der Petitions-Zeichnungsfrist zum Erhalt des Bockenheimer Wasserhäuschens. Düddeldüdü-dedü, Anruf mit unterdrückter Nummer: „Wann hören Sie endlich auf, für dieses Luxuswohnprojekt für Linksextreme zu werben? Das Ding ist durch, DIE SOLLEN DAS SCHEISS-PHILOSOPHICUM LIEBER ABREISSEN!!", bellt es. Ich setze freundlich an: „Frankfurt braucht günstigen Wohnraum, das sehen Sie doch sicher genauso ..." Doch der hört gar nicht zu, sondern legt unter wütenden Fäkalschimpftiraden auf.

Zeitgleich wird Starkregen vom Himmel geschickt, der die ausgelegten Broschüren blitzschnell in buntes Konfetti zu verwandeln droht. Ich wuchte in gekonnter Hau-ruck-Seitwärtsdrehung Plakatständer und Holzbänke in 17 Sekunden wieder nach drinnen.

Von Mauern eingegrenzt –
jüdischer Friedhof in der Sophienstraße
(vor der Max-Beckmann-Schule)

Wehende Fahnen –
Internationales Familienzentrum
(Falkstraße)

Urzeit und Moderne – Senckenberganlage vorm Senckenberg-Museum

Als ich meine durchnässte Strickjacke aufhänge, betritt eine Dame im Chanel-Kostüm das Büro. Sie habe unsere „tolle Immobilie" gesehen. *Ich schlucke und denke nur noch kursiv, damit die Gedanken frei bleiben können.* Wem denn dieses Haus gehöre? „Der Stadt Frankfurt, wir sind nur Mieter." – „Ja, und was machen Sie hier eigentlich?" *Oh je, das wird in einem hoch philosophischen Diskurs enden, denn was ich hier eigentlich mache, das frage ich mich täglich mehrfach selbst.* Meine rechte Hand greift zu einer schriftlichen Selbstdarstellung, ich referiere stegreifartig zu Gentrifi-dingsbums, Mietpreisbremse, Direktkreditverträgen, Mietspiegel-Petition und Kulturcampus-Bebauungsplan. Während meine linke Hand den Besen kurz schwingt, um die gestern überall hinterlassenen Haare des Fussel-Hundes meiner Chefin möglichst unauffällig verschwinden zu lassen, beginnt diese phänotypisch Andrea Berg-Ähnelnde sich einzulesen. *Womöglich ist die das echt und trällert gleich Schlager?*

„Wo ist denn das Mega?", fragen zwei eingetretene Alt-Aktivisten, die ich heimlich Lolek und Bolek nenne. Besen zur Seite, Gekrame im Schrank, bis ich das Megaphon endlich samt Batterien gefunden habe. Da sich die beiden offenbar an der Demovorbereitung beteiligen, drücke ich ihnen noch einen Packen Flyer in die Hand, den sie dort bitteschön verteilen sollen. Bolek stopft sie in seine Windabweisend-Atmungsaktiv-Outdoor-Funktionsjacke, die man bestimmt für den Dschungel gebrauchen kann.

Düddeldüdü-dedü. Eine Lokalzeitungsredakteurin fragt, ob es von der Initiative schon eine Stellungnahme zum Thema xyz gibt. *Mein Name ist Hase, ich weiß von nix und bin mal wieder die Letzte, die über xyz informiert wird. Grmph! Jaja Crashkurs in Sachen Diplomatie, immer schön freundlich sein.* „Wir haben momentan eine technische Störung am PC, so dass ich Ihnen die Stellungnahme nicht zukommen lassen kann, bitte gedulden Sie sich….", flöte ich in meiner süßesten Kleinmädchenstimme und hoffe, dass die verzweifelte SMS, die ich parallel an meine Chefin schicke, auch gelesen wird. Die Technikstörgeister, die ich rief, lassen nicht lange auf sich warten, irgendwas ist plötzlich nicht okay mit dem Internetzugang.

Da passt es doch gerade hervorragend, dass ein asiatisches Pärchen das Büro betritt und in gebrochenem Englisch nachfragt, ob Bockenheim eine eigene Stadt sei. *Home of Bocki klingt irgendwie niedlich.* Wie gut, dass ich noch Broschüren über die Geschichte Bockenheims hervorzaubern kann. Als sie nachfragen, wie genau denn das damals gelaufen sei mit den Stadtrechten, muss ich sie dann leider ans Historische Museum verweisen. *Ich bin doch keine Historikerin.*

TYPISCH BOCKENHEIM 19

Sie geben sich die Klinke in die Hand mit einer durchnässten Oma, die um Unterstützung bittet, sie müsse aufgrund der ihr zugestellten Mieterhöhung sonst wegziehen. *Verweigern! Verklagen! Auf sowas bin ich vorbereitet, hatte ich in letzter Zeit häufiger hier.* Ich schreibe ihr auf, wann eine kostenlose Mietberatung stattfindet und welche Unterlagen sie zu diesem Termin mitbringen möge. Sie kommt mir sehr einsam vor, daher reiche ich ihr auch noch ein Programm vom Seniorentreff.

Düddeldüdü-dedü. *Schon wieder Telefon?* Ein Erstsemester möchte eine preiswerte Wohnung mieten, ob wir da was hätten. *Na klar, in meiner geheimen Gold-Schatulle habe ich Millionen von Vermieteradressen, die 4-Zimmer-Wohnungen für € 100 warm gerne vermieten, wenn man drei magische Worte flüstert.* Ich frage nach, woher er denn käme, da wir keine Immobilienmakler seien. „Aus Wennebostel". *Sei lieb zu dem, der ist mit Bankster-City überfordert.* Das Internet gibt sich wieder die Ehre, so dass er diverse Telefonnummern von Studierendenwohnheimen und Mitwohnzentralen bekommen kann.

Eine Regenbogenschirmfrau winkt am Eingang, sie hat auf der Leipziger Straße zwei Pässe gefunden. Rumänische Kinder, eventuell Roma, sind nun ohne Papiere. Sie meint, die seien wohl versehentlich verloren worden, wohingegen ich überlege, in welch politisch brisanten Situationen man vielleicht lieber jemand ohne Papiere sein möchte. *Tja, was machen wir denn da? Verzwickt.* Die Regenbogenschirmfrau appelliert an meine Moral, neulich hätte ich doch auch einer Person ohne Krankenversicherung zu einem kostenlosen Arztbesuch verholfen. *Hat sich das rumgesprochen? Bin ich das Sozialamt? Bin ich das Fundbüro? Bin ich ein politisch denkender, kritischer Mensch?* Sie ist jedoch in Eile und überlässt mir die Angelegenheit. *Ich muss länger drüber nachdenken, was ich mit den Pässen machen soll, das geht nicht ad hoc.* Zurück zu meinen Antragsformularen.

„Beschreiben Sie stichwortartig den das Gemeinwohl fördernden Aspekt des Projektes!" Wie kriege ich meine Antwort in die 2 Zeilen des Formblattes mit Bundesadler reingequetscht, vielleicht mit Schriftgröße 3? *Vergiss es,* zumal das nur als handschriftlich auszufüllendes Formblatt 569/z zu haben ist. Ich beginne den Satz „Bürgerschaftliches Engagement in Zeiten sich verstärkender Individualisierung ..."

Das Telefon schon wieder. „TUN SIE DOCH WAS GEGEN DIESE AAAAA Beee Geeee, DIE DÜRFEN DAS NICHT AN PRIVATINVESTOREN VERKAUFEN!!!", brüllt es mich an. *Philosophicum, Klappe die zweite, diesmal dafür statt dagegen. Und immer die Haltung: IHR müsst was machen, statt WIR müssen was machen* ... Der Anrufer bekommt von mir ein Update zum Stand der Dinge.

Währenddessen entsteht eine Menschentraube im Nebenraum. Drei Schwarze, eine wütend schimpfende Frau in Ökotextil-Leinensack-Overall und der Opa aus der Leipziger 95. Ich befürchte das Schlimmste, alle reden durcheinander, Babylon lässt grüßen. *Ich sollte jetzt Wartenummern vergeben* ... „Algier ... Allemand ... parler", bringt einer der drei hervor. Also die zuerst. „Do you speak English?", frage ich sie hoffend, aber sie schütteln die Köpfe. „Äh, je ne parle pas bien ... What can I do ... Äh, nee, n'est pas bei uns ..." *Wir kommen so nicht weiter! Die verstehen mein angebliches Französisch nicht und ich weiß nicht, was deren Anliegen ist* ... Er zeigt mir ein Papier mit der algerischen Fahne. „Allemand ... Allemand", ruft er stirnrunzelnd. *Okay, es geht um Deutsch. Stress mit deutschen Behörden? Deutschlernen? Deutsch werden?* Sein Freund schreibt mit schrill-quietschender Kreide „etudier?" an unsere Wandtafel und tippt auf seine Uhr. *Okay, okay, ich verstehe.* Sie wollen Deutsch lernen und die Uhrzeit des Sprachkurses erfahren. Ich zücke ein kleines mehrsprachiges Flugblatt, die algerische Frau reibt Zeigefinger und Daumen aneinander, die wohl kulturübergreifende Frage nach den Kosten. Rien, gratuit, nada, for free. *Dass es so etwas noch gibt in diesem durchkapitalisierten Land. Na, wenn das mal gut geht. Bei der Volkshochschule kostet ein Deutschkurs an die dreihundert Euro pro Nase. Ja, und genau deswegen muss ich ja diesen Fördermittelantrag* ... –

Düddeldüdü-dedü. Ein Herr Schmidt möchte eine Beratung, wie man sich gegen Eigenbedarfskündigung des Vermieters wehren kann. Wehren ist immer gut. Nur dass ich hier keine Ahnung habe. Ich bin doch keine Juristin. Da muss die Chefin ran. Ich gebe ihm ihre Telefonnummer und hoffe, dass er sie schnell erreicht.

„Können Sie sich jetzt endlich mal um mich kümmern?", motzt es aus dem Hintergrund. Die vergessene Öko-Lady. Sie doziert minutenlang über Müll, der immer wieder von den Geschäftsleuten auf den Gehwegen hinterlassen werde, Plastik, Altpapier, Müllsäcke, Kartonagen. Ich schaffe es gerade so, in ihren Wortschwall ein „Aber wir sind nicht die Müllabfuhr" einzuwerfen. Das ermutigt sie erst recht, einfach mal Dampf ablassen, ist doch egal, wer sich das anhören muss. Auf der sich öffnenden Internetstartseite lauten die Schlagzeilen „Krieg in der Ukraine", „Krieg in Syrien", „Eskalation in Israel", „Ebola breitet sich aus". *Wie nichtig und klein dein Scheiß-Müllproblem doch ist, siehst du das nicht?* Ich suche die Telefonnummer der FES, als sie mir beichtet, dort bereits angerufen zu haben, die würden nur nach Auftrag der Stadt aktiv werden. Also rufe ich wie immer, wenn ich im Behördendickicht nicht weiter weiß, meine neue Lieblingsnummer an, die 115. Die scheinen ein Computerprogramm zu haben, wo man auf jede Frage eine Antwort bekommt.

Und was, wenn auf die Frage nach dem Sinn des Lebens eine Lochkarte mit „42" *ausgespuckt würde?* Diesmal werde ich zum Ordnungsamt durchgestellt, die jedoch zur Polizei weiterleiten. Die Öko-Lady trägt dort ihre Müll-Litanei erneut vor, wenigstens ist so garantiert in den nächsten 20 Minuten das Telefon besetzt.

Also nun zur Wartenummer drei, der Opa aus der 95. „Wie schön Sie heute wieder gekleidet sind," schmeichelt er mir. Der Opa erzählt „Andrea Berg" über seine zahlreichen früheren Besuche, denn „diese bezaubernde junge Dame weiß ja bei allem Rat!" *Bin ich noch jung? Bin ich überhaupt eine Dame? Ist das jetzt schon sexistisch oder noch nicht?* Ich weiß, eigentlich schaut er nur ständig bei mir vorbei, um sich im Flirten zu üben. Vielleicht sind für ihn Internet-Chats genauso Neuland wie für unsere Kanzlerin … *Aber ich „bezauberndes" Wesen möchte jetzt vor allem endlich wieder an den Computer, um meinen Antrag fertig zu schreiben!* „Sprache als Schlüssel zur Integration – niedrigschwelliges Angebot der Willkommenskultur" *– würden das diese Beamtenhengste verstehen? Muss ich andersherum denken?*

Braune Pakete werden vom upsi-mupsi-Fahrer ins Büro gehievt. Mal wieder Büchersendungen für das Exzess nebenan, die ich quittiere. Eines der Pakete ist bereits geöffnet. *Big brother is watching you, Gruss an den VS … Jetzt erst mal einen Kamillentee, oh nee, doch nicht.*

Unzählige halbvolle Kaffeetassen im Spülbecken erinnern mich daran, dass „Genossen" nicht immer die Küche sauber halten. Mein Geschirrgeklapper trägt jedoch erheblich zur Beschleunigung des Müll-Polizei-Telefonats bei, die Öko-Lady will nun doch lieber persönlich bei den Herren in blau antanzen.

Während ich abtrockne, der Opa nunmehr die Hand von „Andrea Berg" tätschelt, klingelt wieder das Telefon. „Ja, also, ich weiß gar nicht, wo ich anfangen soll, es hängt ja irgendwie alles mit allem zusammen", flüstert jemand in einem verschwörerischen Agentenfilmton. „Worum geht es denn?", versuche ich, ihm auf die Sprünge zu helfen. „Ja, genau, worum geht es uns denn allen? Wir wollen doch was anderes. Wir kommen doch nicht weiter …" *In einem Comic würde sich über meinem Kopf jetzt eine Denkblase mit einem riesengroßen Fragezeichen auftun.* „Etwas Neues wäre gut, na klar", bestätige ich zögerlich, weil ich noch nicht wirklich einordnen kann, in welche Richtung dieses Gespräch führen wird. „Also der Glaube und so", holt er aus, „so für den Gott. Es muss doch eine Entwicklung geben, so als Gott gesehen, meine ich. Judentum, Christentum, Islam, Buddhismus – " … – „Hinduismus, Taoismus, Ba'hai", ergänze ich ungefragt und erinnere mich an ein mich sehr verwirrendes Bühnenstück, bei dem ich erst hinterher erfuhr, dass man dieses Genre absurdes Theater nennt. „Ja, ja, war ja alles schon da", haspelt der Anrufer. „Also, ich weiß noch nicht wie und nicht was, vielleicht muss ich es selbst erschaffen, so mit eigenem Gott und so, was meinen Sie ...?" – *Die Welt ist ein Irrenhaus, und hier ist die Zentrale.* „Äh ...", stottere ich und versuche, möglichst verständnisvoll zu klingen, „verstehe ich Sie richtig, dass Sie eine neue Religion gründen wollen?" – „Exakt." – „Ja, aber weshalb rufen Sie dann im Stadtteilbüro an?" – „Also, ich bräuchte da Ideen, so eine Art Gedankenschmiede, wissen Sie, meine Gedanken laufen mir aus dem Ruder, das wird zu viel, das verändert ja die Weltsicht." *Nachtigall, ick hör dir trapsen. Wie war noch mal die Telefonnummer der Seelsorge? Und die des psychiatrischen Notdienstes? Aber eigentlich eine coole Idee, self-made-religion, müsste ich mal länger drüber nachdenken ...* „Darf ich Sie später zurückrufen?", würge ich den Religionserfinder ab, als sich wie von Geisterhand eine neue Datei auf meinem Bildschirm öffnet, die meine Chefin in den Presseverteiler gejagt bekommen möchte. *Ah ja, die Stellungnahme,* ich drucke, sortiere 20-seitige Papiere, während der Text religionsfrei konvertiert und noch als Mail an die sensationshungrigen Medien dieser Welt verschickt wird.

Nach vehementem Fensterscheibenklopfen erwartet mich mit „verdammte Scheiße, solche Pisser"-Rufen ein Pöbler im Rollstuhl, den ich eigentlich gleich abweisen möchte, *aber er aktiviert die Behindertensolidarität in mir.* Er braucht eine Beglaubigung für den Zugriff auf sein Konto. *Aber nicht in dem Ton!* „Das sind doch Wixer! Faschistenschweine! Früher gab es mal ein Bürgerbüro in Bockenheim", echauffiert er sich. *Was kann ich dafür, dass es hier kein Bürgerbüro mehr gibt?* Hm, Beglaubigungen macht auch das Bürgerbüro auf der Zeil, rate ich ihm. Da könne er nicht ohne Hilfe hinfahren. *Hm, was machen wir denn da? Hatte ich nicht neulich mal gelesen, dass sogar ein Ortsvorsteher in seinem Wohnzimmer Beglaubigungen machen kann und es völlig abstrus gefunden?* Ich rufe also den Herrn Ortsvorsteher an, *Kooperationen suchen, wo sie sinnvoll sind – so die Chefin immer.* Der hat sogar Zeit, der Rolli möge also anrollen.

„Frau Berg" und der Opa verabschieden sich, da sich der Himmel endlich lichtet. Sie wolle mich noch was fragen, aber das Düddeldüdü-dedü unterbricht. *Herrje, die Stiftung! Warum rufen die jetzt noch an?* „Ja, also, Frau Doktor ... wir haben da ja letzte Woche ihren Antrag bekommen ..." *Bitte seid nett zu mir, auch wenn ich wieder eine Absage kassiere, ja?* „und, also, wir müssen sagen, das ist zwar alles etwas skurril da mit Ihrem Stadtteilbüro ..." Ist skurril jetzt positiv oder negativ gemeint? Gibt es ein Aber? „Aber wir finden es interessant, was Sie machen." *Puh, interessant ist neutral bis positiv gemeint.* Ich atme ein, ich atme aus. „Wir haben Sie neulich besucht, ohne dass Sie uns kannten, Sie haben uns vorzügliche Auskünfte zum Kulturcampus gegeben und wir wollen da dran bleiben." Ich atme ein, ich atme aus. *Kommt da noch was?* „Wir haben daher beschlossen, Sie demnächst mit einer Fördersumme von ... zu unterstützen." Ich unterdrücke meine Jubelschreie. Ich merke ein unbewusstes Knicksen in meinen Knien, bedanke mich untertänigst und vereinbare sekretärinnengleich einen Besprechungstermin. Hans Albers säuselt in meinem Kopf „Champagner für alle" ...

„Andrea Berg" hatte da ja noch eine Frage. Ob wir hier das Quartiersmanagement betreiben, wo doch die Bockenheimer mit diversen Anliegen an uns herantreten. Dann müsste das Büro ja vergrößert und meine „Halbtagesstelle" in eine Ganze umgewandelt werden. Ich antworte nur „Nein, wir sind keine städtische Einrichtung." *Quartiersmanagement betreibt die Stadt Frankfurt nur an solchen (a-) sozialen Brennpunkten, in denen sich auch mein 15qm-Wohnklo befindet. Nein, die Bockenheimer haben doch nicht solche Probleme.*

Ich packe meine mitgebrachte Salamistulle aus, *bevor hier abends die vegane Front anrückt,* da taucht der Rollifahrer wieder auf. *Oh je, jetzt gibt's ne Gardinenpredigt, was ich mir wohl mit dem Ortsvorsteher gedacht hätte ...*

Doch er lächelt, wedelt mit seiner Beglaubigung und sagt leise „es ist gut, dass Sie das hier machen, das Büro und so."

Ich bin hier nicht angestellt, bin nicht mal idealistische Ehrenamtliche. Nein, ich bin nur die „Teilnehmerin an einer Arbeitsgelegenheit mit Mehraufwandsentschädigung", wie es im Jobcenter-Jargon heißt, von der Demut erwartet wird. Ich bin Ein-Euro-Jobber, aber das weiß niemand und es interessiert auch niemanden. Ich bin arbeitsmarktpolitischer Abfall. Ich bin in Wirklichkeit eine promovierte Frau Doktor und wusste schon lange, dass das Leben kein Wunschkonzert und kein richtiges Leben im falschen möglich ist.

Stern-Kaffee von Wissmüller – die Institution auf der „Leipziger"

Nach dem Abriss –
das Gelände des ehemaligen AfE-Turms

Volker Erbes

Warte steht, Turm fällt

An diesem Sonntagmorgen, es ist der 2. Februar 2014, das Wetter überraschend schön, gehe ich, wie gewöhnlich, von meiner Wohnung in der Wurmbachstraße den Weingarten vor. Bis zur Leipziger Straße, wo ich, nach einem Blick in den Buchcontainer, die Straße hinab spaziere, einfach, weil die sonntäglich leere Leipziger für mich einen eigenen Charme hat, den ich vielleicht umschreiben könnte mit: keine allzu großen Erwartungen heut.

Aber gerade diesen Sonntagmorgen sind mächtig Leute unterwegs. Nicht die Papas, die sich bei Kröger in die Schlange stellen, um ihre Brötchen für das fällige Familienfrühstück zu holen. In hellen Scharen strömen sie gutgelaunt in die Leipziger. Bockenheim ist unterwegs. Was gibt es? An der Warte quellen sie aus der U-Bahn herauf. Das komplette Areal bis zu den Torhäusern vorn an der Bockenheimer Landstraße gleicht einem Heerlager. Festivalstimmung. Etwas liegt in der Luft, ,wie damals', als der Asta aufrief zur Demonstration. Oder beim Open-Air Kino auf dem Campus im Sommer. Ja, doch. Von allem ein bisschen.

Bei genauerem Hinsehen zeigt sich das Publikum sehr gemischt – und eher moderat, ähnlich dem, wie es bei gutem Wetter vorn auf der Warte-Piazza beim ,Extrablatt' sitzt. Und nicht dagegen, sondern ganz dafür ist. Es gibt was zu sehen. Hier haut der ganz große Hammer drauf. Offiziell. Der alte AfE-Turm wird heute Morgen gesprengt.

Wenn ich aber geglaubt hatte, mir selbst so einen Blick zu gönnen und mich etwa durch die Schumannstraße zur Messe durchfädeln zu können, um freie Sicht auf das Objekt zu haben, so täuschte ich mich. Kein Durchkommen mehr. Die Senckenberg-Anlage ist komplett zu, die Menge, die sich hier schon eingefunden hat, anderthalb Stunden vor dem Event, erlaubt eben, in Höhe des alten Juridikums, einen Stehplatz zu ergattern, ich sehe die Südost-Ecke des Turms, der graugerippt und ausdruckslos aus der Robert-Mayer-Straße hervor lugt, als wolle er mal schaun, was da unten heute eigentlich los ist ...

Ich erreiche nicht mal die Höhe Merton/Dantestraße, wo sich das philosophische Seminar, baulich aus derselben Beton-Mich-Phase, befand. Schon wegplanirt, wie ich vor einigen Monaten sah, als ich mal mit dem Rad am Beethoven-Platz hinfuhr; jetzt ein Filetstück für den Investor, der sich mit einer Residenz für Senioren und Bessergestellte zwischen Westend und Kulturcampus, wie das dann heißen soll, empfiehlt. Direkt im Nierengürtel des Instituts für Sozialforschung, auf dessen Terrasse übrigens jetzt eine Reihe von Leuten zur sonntäglichen Sprengung Position bezogen haben. So entscheide ich mich für einen vor nicht allzu langer Zeit im Zuge der Neubegrünung des Mittelstreifens der Senckenberg-Anlage angepflanzten Baum, der noch, von kräftigen Pfosten gehalten, Schutz und Ausweichmöglichkeiten zu bieten verspricht, sollte der Ansturm anhalten. Keine gute Wahl, bald wird sich ein Fotograf hinauf in die Astgabeln verfügen. Ich darf das Spektakel, fürchte ich, zwischen seinen baumelnden Beinen verfolgen. Von links schiebt sich bereits eine junge Familie mit Kinderwagen her, eben weil diese Pfosten idealen Prallschutz versprechen, die Erwartung ist groß, ‚wann knallt es denn jetzt?' fragt der Bub, der Papa antwortet, ‚ich muss erst noch die Limo holen, jetzt seid mal still solange', und verschwindet. Dafür taucht eine zweite Familie auf, auch mit Kinderwagen, jetzt bin ich das absolute Sozialhindernis, einen Moment lang denke ich, Dynamit, das wär doch auch für Kinderwagen gut, aber ich sage mir, bleib cool, Volker, du hattest eigentlich gar nicht die Absicht, den Knall hier mitzumachen, jetzt ist es einfach ein Stück Sonntagmorgen vor dem Frühstück. Also. Doch woher kommt es, dass ich jetzt lauter Typen mit Kaffeebechern sehe? Es hat keinen Sinn mehr, wegzuwollen, ob für einen Kaffee, ob für einen besseren Platz, oder überhaupt. Die Anlage ist inzwischen zugestellt wie der Platz vor dem Großen Europäisch-Nassauischen Versorgungswerk.

Sicher, es gibt so etwas wie den gemeinsamen Fluchtpunkt, der über das ganze unübersichtliche Gewoge der Standortsucher, das zunehmend unersprießlich wird, hinausreicht. Das ist der große graue Kerl dort, der stoisch herschaut und all den maßnehmenden, platzgreifenden und ballistisch probenden Blicken trotzt. Ich beginne so etwas wie eine persönliche Beziehung aufzubauen zu dem gerippten Monstrum. Ich denke, es kann nicht anders sein, irgendwie muss er es doch wissen, dass heut sein letzter Tag bei uns ist ... die vielen Leute ...

Das Mädchen der Zweitfamilie fängt an zu greinen, es versteht nicht, dass ihre Leute nicht zu dem Saurier vorn vor dem Senckenberg-Museum wollen, der, grinsender Tyrannus-Rex, aus der Menge wächst, und es stimmt ja auch irgendwie: Der Saurier und der Riesenschachtelhalm hinter ihm, Zeugen der Urzeit, da die Erde Riesenwuchs und Echsenhirn förderte, sie sind auch die Leitfossilien einer Moderne, die Lebenswelten ersinnt, deren Türme wie die Beine gigantischer Brontopodien durch die Wolken schreiten, Infarkt und Kollaps im Gefolge. Man muss es nur erkennen: Das Prinzip, das die Natur veranlasst, einen Oberschenkelknochen oder ein Schulterblatt umso gröber zu konstruieren, je größer sie ihn macht – es kann geradezu als das Prinzip dieser Bauten aus den 60ern und 70ern gelten. Der Beton ist, so man will, das kambrische Material. Tatsächlich hatten ihn die Römer erfunden, und er wurde bevorzugt eingesetzt, Wohnblöcke und Mietskasernen, die es damals schon gab, um den augusto-neronischen Kern der Stadt zu legen, die aufgrund der raschen Versprödung des Materials meist rasch wieder kollabierten und durch neue ersetzt wurden.

Der Papa mit der Limo kommt, die beiden Familien, die gemeinsame Schnittmengen haben, beschließen, sich nun doch nach vorn zum Saurus zu bewegen, da haben die Kleinen doch was. Schneisen in der Menge öffnen sich den Kinderwagen. Für einen Moment stehe ich frei bei meiner jungen Platane. Zwei Paare füllen die Lücke. Mittvierziger. Während die Frauen schon mal mit ihren Handys die Position durchgeben, tauschen die Männer ihre Erfahrungen bei der Anfahrt aus. Danach kommt das eine Paar aus der Ecke Gießen, das andere aus der Nähe von Saarbrücken. Alle vier haben sich anscheinend hier kennengelernt: beim Studium im Turm. Nostalgie des pädagogischen Seminars. Ja, die Sekretärin in der Bibliothek, sie war besonders nett. Und kompetent. Der einen Frau fällt sogar ihr Name ein. Ich erinnere mich einigermaßen betroffen, dass ich selbst, noch lange nach dem Studium und auch keineswegs als Lehrer, sondern hochgemuter Freischaffender mit philosophischem Hintergrund, immer mal wieder zurückgriff auf diese eben erwähnte Seminarbibliothek. Sie lag im 17. Stock und enthielt Bücher, die der hypokritische Leser nicht mal in der Universitätsbibliothek fand. Etwa ein Nachlassband der Gesammelten Werke Blochs, der ein Tagebuch des Philosophen aus den frühen Zwanzigern (des 20. Jahrhunderts) enthielt. Dieses Buch stand nur dort, und auf dem ganzen Campus nirgends mehr. Ich hatte ihn, kurz vor Torschluss, noch dort oben ausgeliehen und konnte ihn besonders lange behalten, da es Monate dauerte, bis die Seminarbibliothek im Campus Westend neuinstalliert war. Dass dieses Buche, das weitere rare Frühwerke des Philosophen enthielt, während dieser Migrationsphase überhaupt ausgeliehen wurde! Aber hieß der Pädagogenturm nicht auch bei manchen der Philosophenturm? Ich kannte einige, und nicht nur solche, die es wissen mussten, die kannten den Graffiti, der irgendwo im 19. der 20. Stock erschien: ,Wenn ein Wetter um die Hütte braust und der Sturm an den Fensterläden rüttelt, dann beginnt die hohe Zeit der Philosophie'. Wegen des lyrischen Anfangs wurde dies immer wieder etwas anders zitiert, war aber gleichwohl ein echter Heidegger. Als ich übrigens jenen Band endlich abgeben wollte und damit vor dem neuerrichteten Gebäude auf dem Campus Westend erschien, war es geschlossen – wegen eines gewaltigen Wasserschadens im High-Tech-Heizungskeller, der kaum ein Jahr nach Inbetriebnahme des klimatisierten Neo-Pädagogikums aufgetreten war.

Sorgenvoll betrachte ich die beiden Frauen des Quartetts, deren Arme ständig durch die Luft fuchteln, die Atmosphäre einzufangen – werde ich den entscheidenden Moment auf den Displays vor mir tanzender Handys erleben? Indem auch mein Kopf jetzt hin und her geht, eine Sichtschneise zu finden, erkenne ich nun doch eine Reihe bekannter Gesichter, die sich zwar nicht direkt mit dem Turm verbinden, aber doch mit der Zeit vor seiner Erbauung 1974, den ,eigentlichen' Jahren, den glorreichen der Revolution, der Manifestation, der Identifikation ... Ich empfinde es als unwirklich, hier im großen Auflauf keinen einzigen Bekannten aus meinem aktuellen Umfeld zu sehen, sondern ausschließlich Gestalten einer andern Zeit. Revenants, die seit Jahrzehnten verschollen waren und doch irgendwo gelebt haben müssen. Einige von ihnen erkenne ich erst auf den zweiten Blick, sie wirken nicht bloß unanständig verbraucht, sondern auch verunsichert, ratlos. Ja verwirrt, als läge hier nun vielleicht doch das Stück Leben, das ihnen auf der Reise um ihre persönliche Welt verloren gegangen ist. So dieser Mensch mit einer inzwischen ganz weiß gewordenen Haarlohe – er machte die lückenlose Entwicklung vom Sponti zum KP-ler durch und war überall dabei, wo die Welt von einer Hippi-Wundertüte in ein Organisations-Papier umgetütet wurde. Dann verschwand er. Vielleicht erlebt er im Augenblick das gleiche wie ich, dem auf einmal deutlich wird, wie wenig ein Zeitgeschehen haltbar ist, von dem seine Zeugen glaubten, es sei eine

Epoche gewesen. Denn die Generation Turm, die seit Mitte der Siebziger dort in den Vorlesungs- und Seminarsräumen auflief, sie fuhr bereits mit einem völlig andern Blick auf ihre Welt und diese Stadt in den Aufzügen dort hinauf. Der wachsenden Beschleunigung und Verschulung der Studiengänge entsprach, so schien es dem damaligen Bewusstsein, die Entpolitisierung ihrer Überzeugungen und Ziele. Die erweiternde Schau der oberen Stockwerke gab nicht mehr den Blick frei auf die chaotischen Strukturen der kapitalistischen Metropole, sondern lenkt ihn zum Niederurseler Hang, wo Universität als effektives Studieren neu definiert wurde; auf die grünen Wiesen bei Eschbach, wohin all die Firmen der Stadt plötzlich drängten, der Steuer und der guten Luft wegen, ins liebliche Gewoge des Vordertaunus, nach Hofheim und Liederbach, wo einfach schöner wohnen war.

Allerdings, der Aufgang des Turms '74 war begleitet vom Niedergang fast der gesamten nach dem Weltkrieg verbliebenen Bausubstanz im Frankfurter Westen. Ganz besonders hier im Universitätsquartier. Komplette Straßenzüge fielen in dieser Zeit. Die Jügelstraße, die direkt zum Hauptgebäude führte, das, ebenfalls in diesen wilden Siebzigern, verdeckt wurde von einem alptraumartig-schattigen Betongefüge, das den irrsinnigen Namen Sozialzentrum bekam und auch die neue Mensa enthielt. Die Häuser davor, rechts und links der Bockenheimer Landstraße, vor allem gegenüber vor dem Straßenbahndepot, wo auf Jahrzehnte Wüste bleiben würde. Wer noch in den Sechzigern studiert hatte, für den war der schmerzlichste Verlust auf der Uniseite wohl die Buchhandlung Naacher, in deren Keller die ‚Mexicana' lag, die Soul-Küche schlechthin, wo zu James Brown Protestler, Hippies und Honnef-Empfänger mit den meist schwarzen GI's aus dem IG-Farbenhaus, dem damaligen amerikanischen Headquartier, trächtig ihre Becken schwangen. Zwar wurde der Buchhändlerin der Naacher-Filiale darüber eine temporäre Baracke auf der andern Seite errichtet, die dann als Huss'sche Buchhandlung noch einen Umzug in die Kies-Straße überstand. Für kurze Zeit war es fast surreal, die Macht der Bücher so sinnfällig zu erleben: Da stand die Huss'sche Hütte auf einem Areal, auf dem komplett die Häuser wegrasiert waren – dann der allerdings trostlose Zweckbau der Stadt- und Universitätsbibliothek mit seinem öden Vorplatz, der sich als charakterloser breiter Seitenstreifen zur Zeppelin-Allee bis zu der aufgelassenen Fabrik zog, in der die ‚alte' AfE bis zu ihrem Umzug in den Turm angesiedelt war. Und gegenüber, auf der andern Seite der Zeppelin-Allee, erhob sich der noble Klinkerbau der Deutschen Bibliothek, wie sie damals noch hieß, selbst schon ein Turm, einer aus den 50 Jahren und eben ein Bücherturm, exklusiv mit Lesesaal zum

Palmengarten, bevorzugt genutzt von Medizinern und Leuten, die den lückenlosen Bestand deutschsprachiger Bücher ab '45 schätzten.

Was diesen leergeputzten Platz um die Huss'sche Hütte angeht – die Häuser, die dort gestanden hatten, enthielten wichtige Institute. Voran eine Filiale der Deutschen Bank, die eine wohl nicht ganz unbeträchtliche Anzahl von Konten verwaltet, auf die monatlich eben für viele die ‚Studienförderung nach dem Honnefer Modell‘ floss. Dann das Psychologische Institut. Und die Erdkundler, ja. Ich erinnere mich, dass ich da, es war im Frühsommer '75, einen Professor Gruber aufsuchte, weil ich Kartenmaterial über eine entlegene Gegend im Norden Pakistans brauchte, in die ich eine Expedition als Reisebeschreiber begleiten sollte – er hatte solches Material. Er war als Bergsteiger selbst namhaft beteiligt an der Kartierung einiger Siebentausender dort. Über seinem Schreibtisch hing ein grandioses Foto der Gletscherwelt des Tirich-Mir, des höchsten Berges im Hindukusch, zu dem wir unterwegs waren. Als er hörte, dass ich mich auch für die Bergvölker in den unzugänglichen Hochtälern dieser Region interessierte, überließ er mir spontan eine nagelneue Pentax Spotmatik F aus institutseigener Ausrüstung. Diese Bergvölker, die Kafiren, waren übrigens ein Geheimtipp für Ethnologen, da sie, mit eigener Sprache und Kultur, noch bis in die Mitte des vergangenen Jahrhunderts ihren Schamanismus praktizierten. Sie wurden islamisiert zu der Zeit, in den 90er Jahren des vorvergangenen Jahrhunderts, gerade als Bockenheim ein Teil Frankfurts wurde. Die Geste Professor Grubers erschien mir umso bedeutender, als all das, was um uns herum geschah, die Auflösung lange gewachsener, auch universitärer Strukturen und Usancen, gerade nicht mehr zu bergen schien, was es marktschreierisch versprach: Erweiterung unserer persönlichen Horizonte durch tätiges Lernen und Lehren. Die Kompetenzen, die hier am Werk waren, schienen mir weniger kommunikative zu sein, sondern solche der schieren Vergrößerung und Vergröberung, bei der das Einzelne als schöne Frucht des Allgemeinen im Geäst der Bestimmungen, der Auslagerungen, der Optimierung verlorenging.

Es geschah nicht nur auf dem Universitätscampus. Dort auf der andern Seite, wo die Bockenheimer Landstraße diesen Campus zum Westend öffnete, Zeppelin-Allee und Senckenberg-Anlage schied, wurde dies als Exempel sichtbar statuiert. Da nämlich hatte die Abrissbirne eben großflächig abgeräumt: Auf der Seite der Zeppelin-Allee, des Palmengartens und der Deutschen Bibliothek wurde ein letztes liebenswert-verträumtes Areal um eine große Gastwirtschaft mit Terrasse samt einer Reihe von Wohnhäusern niedergemacht. Zuletzt war dort der ‚Wienerwald‘, das

Ausflugziel vor allem der Familien und Schulklassen, die das Senckenberg-Museum besuchten, aber auch der Palmengarten-Besucher, die sich die teure Restauration dort im ‚Palmenhof' nicht leisten konnten. Zur Deutschen Bibliothek hin stand noch eine Villa, schräg wie eine Filmkulisse, in deren Keller sich – richtig – das ‚Mecki Messer' verbarg, das Verrufendste an Diskothek, das ein studentisch und mittelständisch orientiertes Frankfurt der Matura und Nitribitt sich eben leisten konnte. Einzugsgebiet: das gesamte Kleinbürger-, Halbwelt- und Dicotheken-Milieu von Rhein/Main.

Auf der Senckenberg-Seite gegenüber war diese Änderung der Dinge noch notorischer. Dort fiel der komplette Häuserblock Bockenheimer Landstraße bis in die Schumannstraße hinein, wo prächtige, besterhaltene Bürgerhäuser in der Hoffnung restverwertet wurden, dass dieses bunte Studentenvölkchen, war einmal die Abbruchgenehmigung da, auch termingerecht wieder auszöge. In einer dieser Villen wohnte ich selbst, vom Herbst '69 bis zu meinem Rigorosum '73, als die Ecke längst von der Erbengemeinschaft, die sie zusammengekauft und an uns vermietet hatte, an einen Großspekulanten weitergereicht und zum Politikum geworden war. Die Häuser waren in der Zwischenzeit für besetzt erklärt worden und wurden, ein zwei Jahre später, als der AfE-Turm in der Robert-Mayer-Straße Stock um Stock langsam wuchs, durch einen Großeinsatz der Polizei geräumt. Für alle hatte sich die Sache irgendwie gelohnt, für die Studenten, die einige Zeit mietfrei wohnten und nun die Zusammenhänge zwischen Kapital, Westendmisere und Gewalt offen demonstriert sahen, der Spekulant, der ja in Wahrheit ein Stadterneuerer war, da er solchen Instituten wie der ‚Kreditanstalt für Wiederaufbau' weitläufig Raum schaffte; und auch den Filmemacher, der uns gegenüber in der Schumannstraße Position bezogen hatte und nach Monaten geduldigen Wartens nun Szenen frei Haus bekam, die weder sein Budget noch sein Drehbuch je hergegeben hätten, und die er in seinen neuen Film nur hinein zu schneiden brauchte. ‚In Gefahr und größter Not bringt der Mittelweg den Tod'. Diesen Filmtitel sollte man eigentlich in leuchtendem Neon über dem Juridikum, das inzwischen als denkmalgeschützt gilt, anbringen, es gäbe gut ein Motto ab für all das, was hier im Umkreis von einigen Meilen geschah und weiter geschieht.

Mir scheint, ich sehe da gerade einen der Vertreter der damaligen Spezies, einen Kunstgeschichtler, die sich nebenan, in der Schumannstraße 69, eingerichtet hatten, einer veritablen Jugendstil-Villa, in der ich mein letztes Studienjahr oben im Dachgeschoß zubrachte. Dieses Treppenhaus – aber lassen wir das. Ich will nur der marmornen Nymphe Erwähnung tun, die dort in der Eingangshalle stand und gerettet wurde, weil die Bewohner eben Kunstgeschichtler waren. Nicht gerettet wurde das Krokodil aus Sandstein, das um die Ecke, in der Bockenheimer 109, von einem Balkon grinste und zu der Zeit ein bekanntes und gern zitiertes Symbol war.

Ja, die Naturgeschichte, die immer auch die Naturgeschichte der Städte dieses naturwissenschaftlichen Säkulums war. Denn die Baracke der Huss'schen Buchhandlung, sie verschwand, weil die Dame ein scheinbar bleibendes Recht ein paar Steinwürfe weiter in der Kiesstraße gefunden hatte. Hier aber, rund um die Warte, wurde die Brache sichtbar, nicht nur, was den Campus anging. Während der Turm wuchs und besiedelt wurde von den Studenten der jüngeren Generation (was eigentlich war an ihnen jünger?), fielen auch auf der dem Westend gegenüberliegenden Seite – nun schon direkt in Bockenheim – weiter ganze Straßenzüge. Sei's die von völlig intakten Wohnhäusern, wie das Tortenstück Ecke Leipziger/Adalbert-Straße (ich muss es wissen, denn ich wohnte dort im Sommer '69, bevor ich in die Schumannstraße 71 zog); sei's die der parallel dazu laufenden Falkstraße, wo das VDO-Tachowerk lag, das Markuskrankenhaus; und – nun zur Adalbertstraße – das sogenannte Schanzenbach-Gelände, eine andere Industrie-brache; wie auch in der mittleren Adalbert-Straße, wo weitere Wohnhäuser und ein aufgelassenes Fabrikgelände begehrte Filetstücke hergaben für charakterlose Neubebauung, nun im buntgedrehten Candy-Stil der Achtziger. Ein gewisses öffentliches Interesse erfuhr in diesem Zusammenhang eine Frau Linsenhoff, ihres Zeichens Reiterin und Eignerin einiger dieser Gelände, die aus steuerlichen Gründen ins Ausland floh, was die Nutzung der Grundstücke offenbar erschwerte. Sie bekam die Steuerschuld erlassen, kehrte zurück, die Bebauung schritt nun explosionsartig voran, zumindest aber für Bücher, um einmal bei dem erwähnten Beispiel zu bleiben, war das alles kein wirklich gutes Gelände, denn auch die in die Kiesstraße verlegte Huss'sche Buchhandlung, in deren Rücken solch postmoderner Guckfenster-Zauber geschah, hielt sich nur wenige Jahre. Sogar die Bockenheimer Stadtbücherei, die als Vorzeigebibliothek hinter der gleichnamigen Ladengalerie entstand, und die neben einer wirklich großzügigen Kinder-und Jugendbuchabteilung oben einen veritablen Bestand in Literatur, Kunst, Philosophie und Psychologie aufwies, wurde in der Ära Roth, gleich zusammen mit ein paar Freibädern und weiteren Stadtteilbibliotheken, dichtgemacht und auf Lesekammer-Niveau in einem Hinterhaus in der Kurfürstenstraße notdürftig stabilisiert. Aber auch in der neu erstandenen Ladengalerie wollte andauernde Freude nicht aufkommen, hier schlossen die meisten der Geschäfte bald wieder, eine Buchhandlung, die wie von Zauberhand gehalten, eine kleine Oase zur Adalbertstraße bildete, verschwand irgendwann über Nacht, dafür zog ein Discounter ein, der jetzt Rücken an Rücken mit zwei Naturkostketten die klanglos wieder verbaute Passage als logistisches Zentrum nutzt und mit Basics und Alnatura um Gesundkost wetteifert, die Leute, die nun hier die Bockenheimer Zukunft bilden und sich vorn im Denti-Paradies die Zähne richten und bleechen lassen brauchen ja frisches Gemüse und knackige Salate mit Gütepass. Immerhin, als Alnatura die Räume in der Leipziger zur Erweiterung übernahm und einen zweiten Zugang zu ‚seinem Bio' schuf, blieb das Mosaik an der Wand dort erhalten. Aber wer käme auf den Gedanken, dass die Geiß, die da so munter über den Strauch springt, das Firmenlogo der Bäckerei Geisshecker war, die dort Jahrzehnte existierte. Sicher sind die Dinge, die dort jetzt als ‚mein Bio' angeboten werden auch lecker. Aber, zum Beispiel, die Karlsbader Hörnchen, die es einmal dort gab – das Wort Croissant war damals freilich unbekannt, und es ist ja auch etwas ganz anderes, oder?

Ich merke, wie sich die Dinge verwirren, eben weil das Neue immer aufs Neue ein Lebe-und Bleiberecht fordert. Ja, aber der Turm da, der war ja nun auch ganz neu, und er war sogar für kurze Zeit das höchste Gebäude der Republik, die sich, Mitte der siebziger, nach Lübke und Kiesinger neu zu erfinden begann. Und wie alt sieht er jetzt aus. Mir scheint, man versteht das alles nicht, wenn man nicht genau so flächendeckend denkt wie der Wind der Veränderung zu jener Zeit, als das Wort Spekulant aus der Mode kam und der Investor auftrat.

Mitten in meinen schönen Betrachtungen fühle ich mich gestört – etwas ist plötzlich anders. Die Stimmung kippt. Wo eben Frohsinn, ja Übermut war, ergreift jetzt etwas Forderndes und Lauerndes die Menge. Sie will den Verurteilten hängen, den König stürzen sehen. Hat sie den Kerl vorhin schon angezählt, zählt sie jetzt johlend zurück, die launischen Chöre – 10 – 9 – 8 – bekommen etwas Drohendes, Flackerndes ... So versammelte sich die Menge schon je auf Richtplätzen, unter Guillotinen, vor Scheiterhaufen, brennenden Quartieren ... War es nicht vor fast genau vier Jahrzehnten in jener Nacht ganz ähnlich, als der schwarze Selmi-Turm am Platz der Republik brannte? Zu Tausenden standen wir hier, sangen und tanzten und warteten, dass die Gasflaschen oben – der Turm war fast fertig – explodieren und sein holzumkränztes Haupt in ein flammendes Inferno verwandeln würde. – 7 – 6 – 5 – ... all die Gedanken, die mir plötzlich kommen, vom Zikkurat in Babylon über die Tarotkarte Trumpf 16 (Das Auge Gottes, Der Turm), bis hin zu – zu ... Sie werden nicht mehr gedacht – und auf einmal sehe ich mich selbst als Zehn- oder Elfjährigen, der mit seinem Hämmerchen Kilometer hinaus vor die Stadt läuft, zum Steinbruch Setz, wo heute gesprengt wird. Wie er da steht und wartet. Das Signal, dieses lange Tuten ... Auf einmal ist es herum ganz still. Sekunden später erst hört das Ohr, was das Auge schon sieht. Vielleicht entsteht die ungeheure Majestät, mit der eine Wand aus Stein aus einem Berg tritt, um dann unvermittelt in sich zusammenzufallen, aus diesem Bruch zwischen Auge und Ohr. – 1 – 0 – ... Wir sind nicht dabei, und doch geschieht es. Und während der Turm, wie erweckt, aus sich heraus tritt, als wolle er doch auch dabei sein, wenn es nun geschieht – ist es auch schon passiert. Er rauscht zusammen, erschüttert vom eigenen Gewicht, das er plötzlich zu spüren bekommt.

Eine gewaltige graugelbe Staubwolke steigt auf, wo Er, der Herr des Fests, eben noch war und zu Grunde ging, zu seinem Grunde ging ... Sie wächst, breitet sich aus, und ich eile mit meinem Hämmerchen, die kleinen Drusen und Versteinerungen, die in den Steinen eingeschlossen waren, und die jetzt sichtbar werden, heraus zu klopfen ... Auch wenn es jetzt der Federhalter ist, der gleich die bläulichen Kristalle aus ihrer Kalkhülle zu lösen versucht, und ich den Ort des Geschehens erschrocken fliehe, wie alle auf einmal fliehen, weil uns die gelbe Staubwolke langsam erreicht – schaue ich noch einmal zurück und erkenne jetzt den eigentlichen Herrn der Stunde, die da schlug. Er ist noch sichtbar, nie war mir aufgefallen, wer dieser Herr dort auf dem First des naturkundlichen Museums zu Senckenberg eigentlich war. Und während die Staubwolke die gutverpackte Sternwarte schon eingehüllt hat, steht er noch sichtbar da, grüßt das auseinanderlaufende Volk mit der Hippe und hält sein Glas über die Fliehenden ... mors certa – incerta hora ...

Isabella Caldart

Die Suche

Genau neunundzwanzig Jahre hatte ich keinen Fuß mehr in meine Heimatstadt gesetzt, doch dann ging alles sehr schnell. Einer inneren Eingebung folgend beschloss ich ebenso spontan, dass ich zurückkehren würde, wie ich einst entschieden hatte, die Stadt zu verlassen. Und so finde ich mich an einem trüben Oktobertag in einem Taxi wieder und beginne schon jetzt, an meiner überstürzten Entscheidung zu zweifeln, hier in dem hellgelb lackierten Benz sitzend, dessen Ledersitze einen leichten, aber penetranten Schweißgeruch verbreiten. Der Taxifahrer schweigt, das Radio plärrt, eine Fahrt durch die fremde und doch vertraut wirkende Stadt, neue Wolkenkratzer, alte Gefühle und dazu der alles gleichmachende Nieselregen.

Der Fahrer setzt mich in der Adalbertstraße ab, die letzten Meter will ich trotz des unangenehmen Wetters zu Fuß gehen. Ich muss in die Jordanstraße, welches Haus ist es doch gleich?, und dann bei Frau Bernhards klingeln. Die alte Dame, die mir die Tür öffnet, sieht genauso aus, wie sie am Telefon klang. Sie hat einen leicht gebeugten Rücken, trägt ein schlichtes, aber sauberes Kleid aus blauer Wolle und hat ihre akkurat gekämmten Haare in einen grau melierten Zopf geflochten. Sie bittet mich hinein und empfängt mich mit einem Wortschwall, das Viertel dies, die Wohnung das, hier der Schlüssel, was ein Wetter das doch wäre, wie gut ich mich denn hier auskennen würde, schön, wieder zurück zu sein, nicht? Gerne hätte ich einen Kaffee getrunken, doch es kommt mir unhöflich vor, sie darum zu bitten. Nachdem ich den Vertrag unterschrieben habe und das Versprechen abgebe, mich gleich morgen um das Finanzielle zu kümmern, stehe ich plötzlich mit meinem alten Koffer und um einen Schlüsselbund bereichert wieder auf der Straße im Regen. Ich klappe den Kragen meines Mantels hoch und eile weiter, die Jordanstraße ist zum Glück nur sehr kurz und um die Ecke ist auch schon die Kiesstraße. Der erste Schlüssel ist auf Anhieb der richtige – ein gutes Zeichen, wage ich zu hoffen – und im zweiten Stock auf der linken Seite liegt meine zukünftige Behausung. Die dunkle Holztür lässt sich mit ein bisschen Widerstand öffnen und dann stehe ich in einem schmalen Flur, von dem rechts aus das Zimmer und links Küche und Bad abgehen. Ich blicke mich um: Die Wohnung ist klein und auch etwas zugig, genügt aber meinen Ansprüchen. Auch das spärliche Mobiliar, bestehend aus einer Matratze am Boden, einer Kommode mit eingestaubtem Spiegel und einem klapprigen Regal, ist fürs Erste ausreichend. Ich stelle meinen Koffer ordentlich in eine Ecke und setze mich in Ermangelung anderer Sitzgelegenheiten auf die Schaumstoffmatratze. Eigentlich müsste ich mich jetzt um verschiedene Sachen kümmern, zur Bank gehen und Essen einkaufen, aber ich bin zu aufgekratzt und beschließe, all diese Dinge auf den morgigen Tag zu verschieben. Ich krame in meiner Tasche nach dem Geld, das ich am Flughafen schon gewechselt habe, und verlasse dann wieder die ausgekühlte Wohnung.

Etwas verloren stehe ich erneut auf der Straße im stärker gewordenen Nieselregen. Was macht man, wenn man alles machen will und doch nicht weiß, was genau? Wohin soll ich gehen? Die innere Unruhe, die mich nicht mehr loslässt, seitdem ich meinen Umzug beschlossen habe, packt mich jetzt noch viel stärker. Entscheidungsunfähig stehe ich minutenlang auf der Straße und rauche eine Marlboro, von der ich hoffe, sie möge meine Nerven beruhigen. Dann fällt mir wieder ein, dass ich doch einen Kaffee trinken wollte und erleichtert darüber, eine Aufgabe zu haben, setze ich mich in Bewegung. Ich muss nur wenige Meter laufen, bis mir das Café Albatros in die Augen fällt. Mein Herz macht einen kleinen Satz vor Freude, denn in dem Café habe ich mein halbes Studentenleben verbracht. Im Albatros empfängt mich gedämpftes Licht, Stimmengemurmel und eine mollige Wärme. Etwas verloren wandere ich durch die verwinkelten Räume, bis ich mich für einen großen Tisch am Fenster entscheide. Nach längerer Wartezeit kommt eine junge Kellnerin zu mir geschlendert, die ihre dunklen Haare in einem wilden Dutt trägt. Sie sieht mich etwas gelangweilt an und baut sich, kaum eine Armlänge von mir entfernt, vor mir auf. Unwillkürlich rücke ich mit dem Stuhl nach hinten – einige Menschen sind einfach zu distanzlos.

„Was darf's sein?“, fragt sie mit einem recht impertinenten Tonfall, wie ich empfinde. Sie spricht mit einem schwäbischen Dialekt, den zu verstecken ihr nicht gut gelingt. Ich suche nach Worten, ich habe seit langer Zeit kein richtiges Gespräch mehr geführt, das dieser Bezeichnung würdig wäre. Vorhin bei Frau Bernhards habe ich keine zwei Sätze sagen müssen.

„Einen Kaffee hätte ich gerne.“

„Ich kann Ihnen den Latte Macchiato mit Vanillesirup empfehlen, ist heute das Tagesspecial. Wir haben aber auch andere Geschmacksrichtungen.“

„Nein, danke, bitte keinen Sirup.“

„Also einen Latte Macchiato." Es ist keine Frage.

„Nein, nein, einen normalen Kaffee bitte. Mit Milch."

„Ein Milchkaffee? Groß oder klein?"

Blinzelnd blicke ich sie an und versuche zu erkennen, ob sie sich über mich lustig macht, doch die Kellnerin steht mit einem ausdruckslosen Gesicht vor mir. Ich bestelle ein Mineralwasser mit Kohlensäure. Die junge Schwäbin bedenkt mich mit einem mitleidigen Blick, als sei ich senil, und rauscht kommentarlos ab.

Seufzend nestele ich in meiner Manteltasche nach einer Zigarette und Feuerzeug und begebe mich in den verlassenen Innenhof, um in aller Ruhe eine zu rauchen.

„Ihr Wasser", höre ich plötzlich eine Stimme in meinem Rücken und fahre zusammen.

„Ich will das Wasser nicht, also, nicht hier, drinnen bitte."

Wieder mustert sie mich mitleidig. Und die erneute Frage an mich selbst, warum zum Teufel ich überhaupt in dieser Stadt bin. Ich trete die Zigarette aus und begebe mich unbemerkt von der Kellnerin wieder zurück an meinen Tisch. Alte Erinnerungen prasseln auf mich ein, aus einer Zeit, in der ich noch jung und voller Tatendrang war und eine andere Gesellschaft möglich schien. Wir konnten damals nicht erkennen, dass es für eine Revolution schon rund zehn Jahre zu spät war. Oder vielleicht wollten wir es auch nicht erkennen, wollten es nicht wahrhaben. Was für Idealisten. Meinen Rückenschmerzen zum Trotz strecke ich unauffällig den Arm unter der Tischplatte aus, bis ich die Stelle finde, an der ich als Student Zeichen und Parolen eingeritzt habe. Werden in diesem Café nie Möbel gerückt oder gar ausgetauscht? Ich erinnere mich an meine Gefährten von damals. Ich selbst war idealistisch, aber weniger radikal. Ein paar Freunde haben das bürgerliche Leben gewählt, andere haben sich dagegen entschieden und auf verschiedene Art damit bezahlt, ein Leben auf ewiger Flucht oder im Gefängnis. Durch die Jahre verstummt habe ich den Werdegang derer, die hin und wieder in den Zeitungen erschienen, mitverfolgt. Fast alle wurden mit der Zeit aus dem Knast entlassen und leben jetzt unter neuem Namen von der Stütze. Das kann ich einfach nicht nachvollziehen: von dem Staat leben, den man doch früher bekämpfen wollte.

Ein leiser Seufzer entfährt mir, während ich die Kohlensäurebläschen dabei beobachte, wie sie träge an die Oberfläche steigen. Dann trinke ich in einem Zug das Glas aus und lege das Geld dafür auf den Tisch, um nicht erneut mit der Kellnerin reden zu müssen. Trotz allem hinterlasse ich ein fürstliches Trinkgeld. Unbemerkt schleiche ich mich aus dem Café und lehne mich am Gebäude gegenüber an die

Wand. Der Regen hat aufgehört, dafür gewinnt der unangenehm kühle Wind an Intensität. Und wieder frage ich mich, warum ich zurückgekehrt bin und was ich eigentlich hier in meiner Heimatstadt zu finden glaube. Die Kiesstraße erscheint mir plötzlich beängstigend klein, genau wie das Viertel, die Stadt und mein altes Leben, auf dessen Suche ich scheinbar hier bin. Um nicht den Verstand zu verlieren, laufe ich beherzt los in Richtung Leipziger Straße, die ich als schmucke Einkaufsstraße in Erinnerung habe. Als ich die Adalbertstraße wie in Trance überquere, werde ich fast von einem Auto angefahren. Wenigstens bin ich jetzt wach. Auf der Leipziger kaufe ich beim erstbesten Bäcker endlich einen Kaffee. Das funktioniert problemfrei, da der mürrische Mitarbeiter genauso wortkarg ist wie ich. Früher war hier mal ein kleines Café gewesen, mit vergilbten Blümchentapeten an der Wand und voll mit alten Damen, die in Zeitlupentempo an ihrem Gebäck naschten.

Ein paar Meter weiter erblicke ich auf der linken Seite die Kaffeerösterei Wissmüller, die ich als Student gerne aufsuchte. Kurz überlege ich, den furchtbaren Bäckereikaffee wegzuwerfen und mir einen richtigen zu kaufen, doch der Gedanke ist schnell verworfen – die Kommunikation mit anderen Menschen liegt mir heute nicht sonderlich. Ich laufe die verwahrloste Straße weiter und versuche mich bei jedem Laden daran zu erinnern, was für ein Geschäft er einst beherbergte. Die Menschen, die mir entgegenkommen, wirken fremder als die Fremden damals.

Durch die Zeitverschiebung und den langen Flug habe ich jegliches Zeitgefühl verloren, aber die Dämmerung hat schon vor längerem eingesetzt. Ich biege links in die Mühlgasse ein und laufe immer noch orientierungslos und ohne Ziel durch die Straßen. Etwa fünfzig Meter vor mir sehe ich einen Mann in meinem Alter, der mit einer Hand sein Telefon ans Ohr hält und mit der anderen, in der er einen durchsichtigen Plastikbecher ohne Inhalt hat, wild gestikuliert. Fasziniert beobachte ich ihn dabei, wie er den Becher in einem Mülleimer versenkt und mit einem geübten Handgriff einen anderen, diesen aus blauem Kunststoff, aus dem Abfall fischt. Dann wedelt er erneut in der Luft herum. Ich höre ihn mit schleppender Stimme reden, als ich an ihm vorbeilaufe.

„… Hör mal, wir kennen uns jetzt seit dreiunddreißig Jahren, ich bin mit deinem Bruder zur Schule gegangen, nein, hör mir zu, ich bin mit deinem Bruder …"

Ich beschleunige meine Schritte, um dem Dunstkreis aus ungewaschener Kleidung, Alkoholatem und persönlichen Schicksalsschlägen zu entfliehen. Noch während ich mich an ihm vorbeidrücke, hat er den nächsten Mülleimer erreicht, an dem er das Ritual wiederholt: Der alte Plastikbecher wird weggeworfen und ein neuer, jetzt ein gelber, zu Tage befördert. Mich beschleicht das Gefühl, dass er den Müll, den er so emsig austauscht, vorher selbst darin deponiert hat.

Ermattet beschließe ich, langsam den Heimweg anzutreten. Appetit habe ich zwar immer noch keinen, aber eine bleierne Müdigkeit hat meine Glieder befallen. Die dunkle Straße mit dem fahlen Licht der Laternen trägt dazu bei. Kurz vor meiner neuen Bleibe fällt mir ein, dass meine einstige Lieblingskneipe direkt um die Ecke gelegen hatte. Mit der entfernten Hoffnung, den Tannenbaum an der kleinen Kreuzung zur Homburger Straße könne es immer noch geben, mache ich einen Schlenker nach rechts. Und siehe da: In Großbuchstaben prangt der Name Im Tannenbaum über der Tür der Eckkneipe. Beinahe vorsichtig steige ich die zwei Stufen hoch. Statt der erwarteten Rauchwolke schlägt mir erstaunlich frische Luft entgegen – das heißt, nach Essen, Schweiß und Bier. Davon abgesehen scheint die Zeit hier stehengeblieben. Ich erinnere mich an alles: das Holz, die Poster, den Kickertisch. Beherzt durchschreite ich den Gastraum und setze mich an die Theke. Die verbraucht wirkende Frau hinter dem Tresen würdigt mich keines Blickes und fährt in aller Seelenruhe damit fort, ein halbes Dutzend Glaskrüge mit Bier zu füllen. Geduldig warte ich mit meiner Bestellung, ich habe ja keine Eile, und nutze die Zeit, meinen Blick durch die Kneipe schweifen zu lassen. Leider bemerkt der Mann mit Alkoholikernase, der neben mir sitzt, ebenfalls, dass ich Zeit habe.

„Ganz schön kalt draußen, was?", beginnt er ein Gespräch. Ich grunze nur zustimmend, damit er nicht weiterredet. Aber natürlich ignoriert der alte Mann meine ablehnende Haltung.

„Dabei haben wir erst Oktober. So kalt, das ist wie früher, gell? Als ich noch ein junger Bursche war, da sah die Welt noch anders aus. Wer gefroren hat, der hat sich eine hübsche Frau gesucht, die ihn wärmt, oder auch mehrere."

Sein Lachen ist trocken und verwandelt sich dann in einen Altmännerhusten. Der Säufer reminisziert weiter über seine vergangenen Tage. Warum haben einsame Männer nie andere Themen als ihre vermeintlich glorreiche Jugend? Mit halbem Ohr höre ich zu und murmele von Zeit zu Zeit ein bestätigendes Wort. Ihm ist es eigentlich egal, ob jemand zuhört. Sein Monolog klingt, als würde er ihn jeden Tag halten. Ich mustere die traurige Gestalt heimlich von der Seite, bis ich ihn plötzlich erkenne: Werner Schmaldienst hat mit mir studiert. Er bemerkt nichts und ich sage auch nichts. Und so sitzen wir beide an der Theke, jeder in seine Gedanken versunken, der eine artikuliert sie laut, der andere schweigt und einsam zu zweit nippen wir an unserem langsam schal werdenden Bier.

BOCKENHEIM
FRÜHER

Bockenheim, früher

Peter Kurzeck

In Bockenheim, in Frankfurt am Main. Das Jahr 1984

Übers Eis

In der Juliusstraße. Wo ist denn die Juliusstraße? Gleich rechts von der Leipziger. An der Ecke ein Supermarkt, ein HL, und direkt daneben grüngekachelt ein Kasten, ein Apartmenthaus. Ein-Zimmer-Apartment, Nachmieter zum 15.12. oder zum 01. Januar. Als Kleinanzeige im Blitz-Tip. Am Telefon eine Frau aus Pakistan und erst wenn du hinkommst, erkennst du das Haus. Jahrelang dran vorbei. Man sieht es ja von der Leipziger aus. Klingeln und an der Haustür warten. Die Sprechanlage geht nicht. Der Türöffner abgestellt oder defekt. Die Haustür wahrscheinlich abgeschlossen. Falls wieder kein Name dran, in der zweiten Reihe von links die vierte Klingel von unten (irgendwer macht immer die Schildchen ab!), und warten bis sie mit dem Schlüssel zur Haustür. Im dritten Stock. Der Aufzug geht nicht. Sie ist am Packen. Das Zimmer wird renoviert. Taschen, Tüten und Kartons auf dem Fußboden. Farbeimer. Die Möbel in der Ecke zusammengerückt. Mitten im Zimmer auf einer Leiter ein Mann und streicht die Decke an. Er sieht auch wie aus Pakistan aus, aber beide gebrochen Deutsch miteinander. Sie ihr Deutsch, er sein Deutsch. Vielleicht aus Afghanistan, Persien, aus dem Irak? Ein Türke, ein Kurde? Einmal mit ihr um die Leiter herum. Zur Straße ein großes Fenster. Unter dem Fenster die Heizung. Hier in der Ecke die Kochecke. Dort die Tür zu Dusche und Klo. Dann mit ihr auf den Gang. Rechts und links Türen. Mit Blech beschlagen. Fast alle angeschlagen, beschädigt, kaputt. Jede anders kaputt. Die Apartments alle gleich. Die einen zur Straße, die andern nach hinten. Auf den Bilka-Parkplatz, auf Garagen und Mülltonnen. Einmal den Gang hinauf. Und einmal den Gang hinunter. Dann ein Stockwerk tiefer. Der gleiche Gang. Ein Zimmer offen. Leer, die Tür fehlt. PVC-Belag, gegen Aufpreis auch Teppichboden. Je größer der Abstand zu ihrem Zimmer, umso deutlicher ihre Erleichterung. Oder kommt mir vielleicht nur so vor? Aus Pakistan. So dicke Brillengläser. Und wie bestürzt dahinter die Augen, das siehst du erst jetzt. Jeans und Pullover und einen offenen weißen Kittel drüber. In Darmstadt bei Merck. Abfüll- und Packkontrolle. Und deshalb ihr Umzug nach Langen bei Darmstadt. Aber eigentlich ausgebildete Chemie-Laborantin. Eigentlich schon ihr Leben lang unterwegs nach Amerika.

Weiter die Treppe hinunter. Das Treppenlicht nur immer von Stockwerk zu Stockwerk. Und knackt jedesmal beim Einschalten. Beim Hauseingang jetzt. Eine ganze Wand Briefkästen. Die meisten offen. Aufgebrochen, die Türen verbogen. Ganz ohne Türen. Und Briefkästen, in denen es gebrannt hat. Erst kürzlich? Schon länger? In manchen gar mehrfach gebrannt. Es brennt jede Woche. Ganze Reihen von Briefkästen schwarz vor Ruß. Der Ruß auch die Wand hinauf. Riecht auch angesengt und verbrannt. Und die Menschen, die Namen? Türkische, indische, polnische, serbokroatische Namen. Portugiesen und Griechen, die tagsüber bei Messer Griesheim, in Höchst bei den Farbwerken und in Rüsselheim bei Opel am Band. Die Frauen bei VDO, bei den Adler-Werken, bei Hartmann und Braun. Und nachts mit der ganzen Familie als Putzkolonnen in die Kaufhäuser in der Innenstadt, zum Verkehrsverbund und in die Bürostadt nach Niederrad. Die meisten Briefkästen ohne Namen. An der Wand die Hausordnung, Befehle und obszönes Gekritzel ohne eine Spur von Leidenschaft und Talent. Auf dem Fußboden Stapel von Gratiszeitungen und Frankfurter Anzeigenblättchen. Teils noch druckfrisch verpackt und verschnürt und teils nur Papierfetzen. Die Wände entlang bis zur Treppe. Die Ausgaben mehrerer Wochen. Und Farbprospekte vom Bilka, vom Aldi, vom Kaufhof, vom Schlecker und vom HL. Druckfrisch. In Stapeln. Auch Hochglanz. Manche nur einmal kurz naßgeworden und jetzt ein einziger feuchter Klumpen, der abfärbt, der ganze Stapel. Abgebrannte Streichhölzer, leere Zigarettenschachteln, Kippen, Bierflaschen, Bierbüchsen, Cola-Büchsen, Glasscherben, Fußspuren, Kaugummi, hingespuckt, Plastiktüten, Müll, Abfall, Dreck. Müllschlucker ja, aber geht nicht. Soll nicht benutzt. Der Aufzug offen und fährt nicht. Vielleicht weil die Tür nicht zu. Geht nicht. Lauter Ein-Zimmer-Apartments, alle gleich, aber auch Familien mit Kindern. Und wer alles illegal, wieviel Inder in einem Zimmer. Ein Inder mit Aufenthaltsgenehmigung und Arbeitserlaubnis als Hilfskraft in einer Imbiß-Spülküche. Acht Mark Stundenlohn. Und läßt für sich einen Inder mit Aufenthaltsgenehmigung, aber ohne Arbeitserlaubnis. Für sieben Mark, für sechsfuffzich. Der den nächsten an seiner Stelle für sechs. Und der siebte oder achte hat keinen Paß, hat gar keinen Namen mehr und macht die Arbeit schon dankbar für dreineunzig die Stunde. Ohne Namen. Keiner kennt sein Gesicht (Gesicht braucht

1975, als die Warte noch/wieder mal rot war (das Straßenbahndepot ist bis zur Sophienstraße noch unversehrt)

Hinterhof Homburger Straße, mit Blick auf das Sanierungsfeld Schanzenbach

BOCKENHEIM FRÜHER   45

Der große Basar – ten years later Buchverkauf auf dem Campus Mitte der 70er
(wie an den Fenstern zu sehen, muß es kurz vor Fertigstellung der ‚Neuen Mensa' sein)

er nicht!). Eine Spülküchenhölle. Und Ordnung und Putzen nach Feierabend. Umsonst. Jeden Tag eine Dreiviertelstunde. Mindestens eine Dreiviertelstunde. Gehört mit zur Arbeit dazu, jeden Tag, ist gratis mit drin. Oder zu dritt mit Pauschale und teilen sich sparsam in ein Achtel Leben. Drei Gesichter, drei eilige Schatten mit ohne Gesicht, und eine stellvertretende Arbeitserlaubnis. Die Spülküche ist im Keller. Geschirraufzug. Solang die Spülküche funktioniert, läßt sich außer dem Aufzug von oben keiner drin blicken. Der mit der Arbeitserlaubnis, der erste, der Hauptinder, macht die Dienstpläne, hat neuerdings eine Krankenkassenbrille und spricht mit den Hilfsindern englisch.

Hin und her mit der U-Bahn und in der U-Bahn Schweißausbrüche, die Luft anhalten, stehen und zittern. Im Sitzen dösen und zittern. Sogar im Schlaf und im Halbschlaf noch zittern. In Bockenheim, Preungesheim, Griesheim, im Bahnhofs-, im Gutleut-, im Gallusviertel. Am Leben bleiben, sich selbst nicht mehr kennen und jeden Tag schichtweise. Teilen sich in den Tag. Schichtweise leben und schlafen. Vier-acht-zwölf Inder oder Hilfsinder in einem Zimmer, im Flur, im Heizkeller und auf der Treppe zum Heizkeller. Die Zahlen jeden Tag aus der Zeitung. Genau wie die Lottozahlen, Fußballergebnisse, Börsenkurse und die Summe der toten Fixer vom Tage. Frankfurt am Main. Und als Fahrradbote, Austräger, Zeitungsverkäufer. Mit flinken Augen und fleißigen Händen. Auf Abruf im Frachtkontor. Kisten schleppen in der Großmarkthalle. Illegal Handlanger aufm Bau. Und früh um halb vier auf gut Glück vor den Lagerhallen und Kühlhäusern beim Güterbahnhof. Ab sechs Uhr morgens, auch wenn es regnet, vor jeder Ampel mit Zeitungen, ganzen Stapeln von kostbaren unverständlichen Zeitungen auf der Fahrbahn. Sollen nicht naß und sollen nicht dreckig! Fremd, eine Last, ein Gewicht. Kommission. Alleenring, Reuterweg, Schloßstraße, Theodor-Heuss-Allee, Kennedy-Allee, Stresemann-Allee, Friedrich-Ebert-Anlage, Taunusanlage, Theaterplatz, Bockenheimer, Mainzer, Darmstädter, Mörfelder, Friedberger, Hanauer, Offenbacher Landstraße, die Innenstadt, alle Ausfallstraßen. Bild, Rundschau, Abendpost und die Allgemeine. Kapuze und Plastikumhang, Wechselgeld durch das Seitenfenster. Berufsverkehr. Immer die Straße im Auge, immer die Ampel im Auge. Im Fahrtwind. Sich nicht verzählen und sich nicht überfahren lassen! Kein Regen, nur so ein Geniesel. Täglich von sechs bis neun. Und am Nachmittag mit dem Geschrei der Abendausgaben durch leuchtende Abgaswolken. Lärm, Staub und Gegenlicht. Nachts in den Kneipen mit toten Blumen, die keiner will. Bei einer Razzia, die selbstredend keine Razzia, sondern eine routinemäßige Personen- und Ausweiskontrolle, in einem Haus in der Schleusenstraße sechzehn Inder in einem Neunzehn-Quadratmeter-Raum. Inder und Hilfsinder. Aus Eritrea, Algerien, Rumänien und Bangladesh. Es gibt auch reiche Inder in Frankfurt.

*

Als Gast

Und dann, danach, ein paar Tage später. Wieder am Abend machst du dich auf den Weg. Noch früh. März. Noch lang hell. Unterwegs eine Telefonzelle mit Aussicht. Erst Sibylle und Carina, dann Jürgen, aber niemand hebt ab. Weiter durchs Westend und über den Campus und dann in der Gräfstraße auf dem Gehsteig unter Bäumen, die schon lang auf den Frühling warten. Ins Bastos. Jürgen? Nicht da. Im Spiegel der Abend. Du trinkst einen Espresso im Stehen. Dann die Leipziger Straße kurz vor Ladenschluß. Sibylle und Carina immer noch nicht daheim. Ich wünschte, sie kämen mir jetzt gleich entgegen! Lang in der Dämmerung müd und leer leere Seitenstraßen. Ludolfusstraße, Weingarten, Falkstraße. Du kommst auf den Hessenplatz. Haben zuerst hier gewohnt, als wir nach Frankfurt kamen, Sibylle und ich. Für sechs Wochen ein Zimmer in einer Wohngemeinschaft. Und jetzt mußt du die Fenster ansehen. Große Dachfenster. Ein altes gelbes Backsteinhaus mit einer Toreinfahrt, in der schon der Abend wartet. Der Spielplatz jetzt leer. Alle Kinder sind heimgegangen. Um den Platz die Laternen und das Schweigen der alten Häuser. Eine persische Autowerkstatt, ein indischer Obstladen, ein Getränkevertrieb, ein Wollgeschäft, Pullover und Wolle, ein Kleiderladen mit Räucherstäbchen und daneben in einer Reihe vier Änderungsschneider. Italiener, Griechen, Türken, Armenier und bei allen noch Licht. Und mindestens jedes zweite Haus eine Kneipe. Unter den Kastanien am Hessenplatz und dir vornehmen, daß du wieder hier gehst, wenn die Kastanien blühen und dann einen langen Sommer. Einen Sommer, der bleibt. Haushohe Kastanien. Eine Telefonzelle. Sibylle und Carina jetzt daheim. Sind nach dem Kinderladen noch mit zu Jochen und Elda, sagt Sibylle, und zum Essen geblieben. Die Kinder wollten es so. Carina zieht gerade den Schlafanzug an. Wo bist du? In der Telefonzelle am Hessenplatz, sagte ich. Und komm jetzt gleich! Muß Carina noch Gute Nacht sagen! Sag ihr, daß ich gleich komme! Dann am Telefon gleich noch mit Edelgard. Lang mit ihr. Zwanzig Minuten, eine halbe Stunde oder noch länger. Du kommst aus der Telefonzelle und es ist dunkel. Hätten uns lieber treffen sollen, statt so lang miteinander zu telefonieren! Beinah sie gleich nochmal angerufen, um ihr das zu sagen und kann sein, wir hätten wieder so lang telefoniert. Du hörst noch die Tür zufallen, eine Telefonzellentür, die immerfort zufällt in deinem Gedächtnis. Und spürst die Nacht und den Wind im Gesicht und über dir rauschen die Bäume. An der nächsten Ecke, vor einem Büdchen das zu ist, drei Penner. Ihre Schlafsäcke, Taschen und Plastiktüten an der Hauswand. Und sie stehen und streiten, weil das Büdchen zu ist. Geschlossen. Haben alle drei recht. Jetzt kommt ein vierter dazu, legt sein Zeug zu ihrem Zeug und weiß gleich alles besser. Hast du die Penner nicht schon öfter gesehen? Und siehst sie immer wieder? Siehst sie reden und gestikulieren, als ob sie dir winken. Als ob sie schon lang nach dir rufen, so stehen sie da. Dann durch die Mulanskystraße und wieder ist dir, als ob du am Rand, am äußersten Rand gehst. Nicht nur am Stadtrand und am Rand von Bockenheim, wo es zum Bahndamm geht und zu den Schrebergärten, sondern am Rand deines Lebens. Am äußersten Rand der bewohnten Welt. Und wohin? Im Gehen den Wind auf dir spüren und dann kommt dir vor, daß dir alles egal ist. Nur jetzt oder immer? Von jetzt an immer? Solang du gehst jedenfalls! Solang du so müd bist und gehst und im Gehen den Wind auf dir spürst. Die Mulanskystraße, die Konrad-Broßwitz-Straße. Alte Frankfurter Mietshäuser. Nach Nacht und nach Kohlen und Kellern riecht es und nach März und nach schwerem Rauch. Und so still das Licht in den Fenstern. Ein Radfahrer. Eine Frau mit zwei Kindern. Mit ihren Schatten von Lampe zu Lampe. Sind auf dem Heimweg. Du hörst ihre Stimmen und wüßtest gern, was sie sagen und dein Herz tut dir weh. Sind auf dem Heimweg, sind spät dran und sind jetzt gleich da. Schulkinder, sagt Carina in meinem Gedächtnis. Trüb das Laternenlicht, parkende Autos und eindringlich schweigen die Haustüren. Wie noch einmal ein Winterabend. Ein Winterabend, den du schon oft erlebt hast. Wie in einer stillen Wolke treibt die Straße mit dir dahin. Still und dunkel. Wie in einer Höhle, wie unter der Erde, so ein Abend ist das. Du hörst den Wind, hörst die Züge am Bahndamm. Und den Schlag einer Turmuhr. In Nacht und Stille ein einzelner Glockenschlag. Es wird die Sankt-Jakobskirche – wie spät kann es sein? Du kommst auf den Kirchplatz, der leer im Lampenlicht unter einer Dunstglocke liegt, leer und zur Nacht gerichtet. Wieder eine Telefonzelle und jetzt ist bei Sibylle besetzt und bei Edelgard niemand da. Dann das Eiscafé in der Friesengasse und Edelgard sitzt nicht drin. Nur im Vorbeigehen das Eiscafé, dann die Nachtschaufenster der Zweigstelle der Stadtbibliothek in der Seestraße und schnell weiter. Am Kurfürstenplatz der Brunnen ist abgestellt. Auf der Schloßstraße eine hellerleuchtete Straßenbahn und der Wind fährt vorbei. Noch eine Telefonzelle, aber geht nicht. Defekt. Gleich, sagst du in Gedanken zu Sibylle und Carina, gleich jetzt komm ich! Und beeilst dich auf dem letzten Stück Weg und die Treppe hinauf, du gehst immer schneller!

*

Ein Kirschkern im März

Dann auf der Seestraße alle drei. Und mit uns der Nachmittag. In die Bibliothek Carina und ich. Und Sibylle schon vor in den Secondhandladen mit Kinderkleidung. Carina braucht für den Frühling Hosen, Hemden, T-Shirts, Pullover und eine Jacke, die leichter ist als ihr Anorak. Braucht bald neue Schuhe. Die Schuhe sind immer am teuersten. Am besten, man nimmt die besten. Erst Schuhe und dann noch Sandalen. Socken, Kniestrümpfe, Strumpfhosen. Bald auch neue Schlafanzüge. Die alten ganz dünn schon vom vielen Waschen. Werden auch immer kleiner. Die meisten noch aus der Zeit, als sie statt Schlafanzug Agogok sagte, weil sie Schlafanzug noch nicht sagen konnte. Sibylle kommt zurück und sagt: Kein einziges Stück! Überhaupt nichts! Nur was vom Winter noch übrig, die Ladenhüter. Und haben auch immer öfter außer der Reihe zu. Hören hoffentlich nicht ganz auf. Schon sowieso immer weniger Secondhandläden mit Kindersachen. Und das Obst und Gemüse, sagt sie, so teuer, daß man es bald nicht mehr kaufen kann. Jetzt unser Rückweg. Die Seestraße und bald Abend. Und die Pascale, sagte ich, was sie jetzt wohl macht? Daß wir aber auch nicht wissen, wo sie ist und wie es ihr geht! Warum schreibt sie nicht? Warum ruft sie nicht an? Meine schöne Pascale, sagt Carina. Und vor uns der Kurfürstenplatz. Der Brunnen abgestellt. Kinder mit Fahrrädern – jetzt merkst du, wie müde du bist. Dann an der Straßenecke im Licht vor der Apotheke. So mild das Licht in den Schaufenstern und wir stehen alle drei in diesem Licht, als müßte das etwas bedeuten. Jetzt, sagt Sibylle, jetzt könnte ich vorsingen. Sogar leicht! Sing doch, sagt Carina. Erst unser Abschied vor der Apotheke. Und dann geh ich doch zwei Ecken weiter mit. Bis zur Adalbertstraße und auch noch mit ihnen über die Kreuzung. Der Abschied. Dann stehen und winken. Ihnen nachsehen, bis sie sich umdrehen und winken. Immer noch einmal winken. Carina an Sibylles Hand und vom Winken den Kopf ganz verdreht. Und jetzt fällt dir ein, daß sie schon lang keinen Luftballon mehr gehabt hat. Und was für eine Seligkeit für sie so ein Luftballon jedesmal, wenn sie einen bekommt. Durch die Jahre. Erst ein paar Monate alt und dann anderthalb, dann zwei und dann drei und jetzt schon viereinhalb. Wie sie ihn ansehen und immerfort ansehen muß und andächtig heimträgt, ihre in meiner Hand. Der Luftballon an seinem Bändchen und sie kann den Blick nicht wenden und stolpert und geht, als ob er sie zieht. Als ob sie hinter ihm her schräg durch die Straßen segelt. Manchmal in der Sonne ein Luftballon, der wie eine Glaskugel leuchtet, ein Himmelskörper. Besonders am Abend. Im Gegenlicht. Ein enger Hof, eine dämmrige Straße. Die Menschen als Schatten nur und über ihren Köpfen der Luftballon wie ein bunter Lampion. Noch im Licht und die Straße schwankt, die ganze Welt schaukelt sacht, die ganze Welt in der Dämmerung wie ein großer bunter Lampion. Blaurotgrün – in Gedanken probierst du die Luftballonfarben aus. Da geht sie, Carina. Wird größer, schnell die Zeit, immer noch ein Tag und dann sind die Luftballons ihr vielleicht bald schon nicht mehr so wichtig. Stehen und winken. Ihnen nachsehen, bis sie um die Ecke. Erst da und dann nicht mehr. Noch den leeren Fleck Gehsteig dir einprägen. Sind weg, sind gegangen. Ihre Abwesenheit auswendig lernen und dann endlich darfst du weiter.

Allein. Durch den Feierabendverkehr, als ob du darin ertrinkst (als ob du dich darin auflösen sollst!). An der Warte vorbei und durch die Ludolfusstraße, die leer ist und still. Nichts regt sich. Fahl, ohne Farbe der Tag und trübweiß das Licht und jetzt kommt der Abend. Ludolfusstraße, Zeppelinallee, Leonhardsbrunnen, Frauenlobstraße, Cretzschmer- und Ditmarstraße. Die Dämmerung. Ich ging immer weiter. In der Dämmerung lang durch die Straßen der Reichen. Allein. Und mir ausdenken, wie ich das Geld für Sibylles Gesangsstudium auftreibe. Ihr helfen mit Zeit und Geld. Ein Klavier. Eine große Wohnung. Seit wir uns kennen, nie genug Zeit und nie genug Platz. Hat sich immer nach meinem Schreiben richten müssen. Gehen. Ich ging immer weiter. In der Dämmerung, müd, hungrig, mit leeren Augen, lang durch die Straßen der Reichen, um an den Reichtum glauben zu können. Wenigstens die nächsten zwei Stunden. Wenigstens glauben, daß man daran glaubt, damit Sibylle es auch glauben kann. Tore aus Schmiedeeisen, Einfahrten, Freitreppen, Säulen an den Haustüren, hohe Fenster. In manchen Fenstern schon Licht und was allein die Gardinen kosten und wer putzt solche Riesenfenster? Das Geld, sagst du dir. Auftreiben, verdienen das Geld. Reichwerden. Zwei- oder dreimal in meinem Leben eine Weile viel Geld verdient – viel oder wenigstens soviel, daß es mir viel vorkommen konnte. Damals auch schon geschrieben, aber vorerst nur für mich. Ein paarmal Bilder von mir verkauft, selbstgemalt, eigene Bilder. Einmal mit dreizehn und einmal mit sechzehn und einmal mit zweiundzwanzig. Aber dann aufgehört zu malen und nur noch geschrieben. Und je länger du schreibst, umso schwerer wird dir das Geldverdienen. Es stört bei der Arbeit. Man will nur immer weiter mit seinen Zetteln am Tisch sitzen und wenn man geht, immer weitergehen, immer auf den Horizont zu und im Gehen nach Wörtern suchen. Nur das eigene Zeug im Kopf. Wer Schriftsteller ist, wird nichts anderes mehr. Trotzdem, sagst du dir, warum nicht, das schaffen wir schon! Von den Namen und Telefonnummern aus der Werbebranche noch gut zwei Drittel übrig. Man muß daran glauben! Sag ihnen, du bist der, den sie suchen! Eiskalt verhandeln! Verlang das Doppelte! Sitz ihnen ungerührt gegenüber! Und spiel, daß du das nur spielst, dann ist es dir leichter! Nächstens vom Rundfunk das erste Honorar. Vielleicht noch eine Lesung und Geld dafür. Sparen, noch mehr sparen! Zur Aushilfe ein paar Handlangerarbeiten. Fleißig, pünktlich, zuverlässig. Zeitungen austragen. Prospekte verteilen. Zeug, fremdes Zeug verkaufen, das niemand braucht. Heimarbeit. Preiswert als Schreibkraft. Buchhaltung. Autos waschen (wie mit fünfzehn). Frag die vielen türkischen Änderungsschneider, ob du ihre Schaufenster dekorieren sollst. Vielleicht will einer ein neues Ladenschild? Schreib ein Theaterstück über den Ruhm, über Ruhm und Erfolg. Wie einer reich wird. Erst eins und dann noch eins. So ein Stück will jeder gern sehen. Schreib immer noch ein Stück und mal Bühnenbilder. Erfolgreich. Die Stadt dazu bringen, daß sie es ohne dich nicht gut aushält. Plakate ankleben. Geh in die Redaktionen und auch als Lastträger wieder. Ausrufer auf dem Markt. Lastträger, Ausrufer, Händler und Geldwechsler. Das Geld im Kopf. Immer mehr. Erst Münzen, dann Scheine. Banknoten. Banknotenbündel. Immer höher die Stapel. Geld, Goldbarren, Wertpapiere. Schränke, Schließfächer, einen Safe. Kontoauszüge, Bankkonten, Depotkonten, einen haushohen Safe im Kopf und die Zahlen alle auswendig. Im Gehen. Immer weiter. Einfahrten, Vorgärten, vornehme hohe Bäume. Häuser mit Gärtner, Häuser mit Park. Portale, Torpfosten. Manchmal ein glänzendes Messingschild. Poliert. Public Relations. Antiquitäten. Eine Galerie. Kunst kann man von der Steuer absetzen. Vermögensverwaltung. Beratungen. Buchprüfer, ein Anwaltsbüro. Termine nur nach Vereinbarung. Fahnenstangen. Ein Konsulatsschild mit Wappen und Krone und nichts regt sich. Nie ein Mensch auf den Straßen. Die Straßen auch stumm. Reden nicht. Sagen nichts. Sogar den Bäumen ist öd. So prächtige hohe Bäume, aber der Gärtner ist ihr Vorgesetzter und wenn der Gärtner gegangen ist, fällt ihnen nichts mehr ein. Fangen an, auf die Nacht zu warten. In diesen Straßen ist jeden Tag wieder schon vom Morgen an alles wie zur Nacht gerichtet. Manchmal ein Auto. Das Garagentor geht elektrisch auf. Fernbedienung. Einfahrt und Haustür kameraüberwacht. Stille. Eine geräumige kostbare Stille. Stille ist teuer. Kubikmeterpreise. Sogar die Müllabfuhr kommt nicht wie in normalen Stadtvierteln lärmend frühmorgens, sondern leise am späten Vormittag. Gedämpft. Wie auf Zehenspitzen. Mit Samthandschuhen die Müllabfuhr. Werden für diese und ähnliche Straßen eigens geschult. Kein Durchgangsverkehr. Manchmal ein Gärtnerauto. Wird unsichtbar hinter den Garagen geparkt, muß sich neben eine große Hecke ducken. Dezent. Abstand. Diskretion. Und alle Tage die sauberen Kleinwagen pünktlicher Putzfrauen, eher Reinigungsfirmen. Hausmeisterservice. Objektschutz. Und keine Kinder. Nicht ein einziges Kind. Höchstens Vögel, Katzen und Eichhörnchen. Wie ein immerwährender Sonntag jeder Tag. Eine Dame mit Hündchen? Selten. Fast nie. Keine Läden, keine Kneipen, keine Frankfurter Büdchen. Nichtmal ein Obststand. Kein Bettler, kein Penner, kein Leierkastenmann. Keine Erstklässler mit bunten Jacken und Mützen und riesigen neuen Schulranzen. Platz genug, aber kein Hickelspiel auf dem Gehsteig. Keine Kinder mit Hüpfseil und hellen Stimmen am Morgen. Keine Mütter, die Namen rufen alle Abende unter den Haustüren. Nie zeigt sich ein Gaukler auf diesen Straßen. Kein Feuerschlucker, keine Seiltänzerinnen, kein Flötenspieler. Nicht einmal eine Wahrsagerin. Ein Sonntag, der nicht vorbeigehen will. Das Leben? Das Leben bleibt eingesperrt. Teils ein- und teils ausgesperrt. Nicht Grundstücke – Anwesen. Wie Festungen stehen die Häuser. Privat. Privatgelände. Eine Privatgegend. Nur die Schlagbäume, Mauern und Sicherheitszäune fehlen vorerst noch und bewaffnete Wachmannschaften, die nach Passierscheinen fragen und wer vor ihnen wegrennt, wird auf der Flucht erschossen. Immerhin hat die Stadtverwaltung hier bereits besonders feine Laternen aufstellen lassen.

Einmal Carina und ich. Ein Ostersonntagmorgen. Sibylle bleibt im Bett. Halsschmerzen, Grippe, keine Lust auf die Welt. Wir bringen ihr als Frühstück und zur Genesung alles was wir finden, aber sie will nichts, muß sich gesundschlafen. Leise! Sei leise! Du aber auch! sagen wir zueinander, Carina und ich. Und dann läuten die Sonntagsglocken und wir gehen aus dem Haus. Durch ganz Bockenheim gehen wir, ohne jemandem zu begegnen. Abends haben sie das Fernsehen und morgens wollen sie nicht zu leben anfangen, sagte ich zu Carina. Siehst du ja. Alles zu. Höchstens am Hauptbahnhof, wo sowieso nur lauter Ausländer arbeiten, würden wir jetzt eine Erdbeermilch und einen Espresso kriegen. Vielleicht. Ja, sagt sie, aber da sind wir jetzt beide nicht! Leere Sonntagmorgengehsteige. Nur vor der Markuskirche neun Personen. Alle mit polierten glänzenden Schuhen. Du denkst, man müßte ihnen ansehen, ob sie aus der Kirche kommen oder haben die Kirche noch vor sich, aber man sieht es ihnen nicht an. Schwer und undurchsichtig der Himmel. Eierschalenweiß. Ein naßkalter Tag. Ostersonntag. Und sind dann in diese stillen vornehmen

BOCKENHEIM FRÜHER 53

Straßen gekommen, Carina und ich. Und sie muß an jedem Zaun und an jedem Tor und an jedem Pfosten stehenbleiben und alles ansehen. Kostbare Briefkästen mit einem silbernen Monogramm. Eine Nymphe aus Marmor. Moos, Schopfgras, der teuerste Rasen. Trauerweiden, Koniferen, Buchsbaum, Hibiskus, Glyzinien und Rhododendron. Nur Vögel, sonst niemand. Und müssen auch immer gleich weiter, die Vögel. Müssen dauernd woandershin. Wir stehen und gaffen. Ein Gitter mit goldenen Lanzenspitzen. Laternen, ein Brunnen, ein Gartenteich, weißer Kies. Und Carina mit Sehen und Grübeln und Selbstgesprächen, die man nicht mithören soll. Sind geheim. Aber sie kann sie auch nicht unterdrücken. Aufgeregt. Muß sich alles merken. Merkt, daß sie sich alles merken muß und hat noch nicht genug Wörter. Nur als Bilder die Dinge und noch keine Namen dafür. Bis ich sagte: Wollen in das Eiscafé in der Friesengasse. Sind Sizilianer, eine große Familie, die sind schon lang wach. Und dann bald nach Sibylle sehen! Ein Vogel auf einem Zweig. Wippt und wippt und muß mit seinem Vogelherzschlag immerzu die Sekunden abzählen. Und zuletzt beim Gehen sagt Carina zu mir: Aber gell, aber hier, Peta! Und stolpert und muß an meiner Hand zerren und mit dem Blick nochmal ringsherum. Alles einsammeln! Mitnehmen! Aber hier wird es abends auch dunkel! Genau wie bei uns in der Jordanstraße! Und jetzt ausrechnen, wann das war. Letzte Ostern? Das Jahr davor? Welches Jahr war es, als sie im Frühling Rollschuhe bekam? Als alle Kinderladenkinder, die nicht schon Rollschuhe hatten, endlich Rollschuhe bekamen und dann will der Frühling nicht kommen. Den Tag weißt du und den Augenblick, aber nicht das Jahr!

*

Oktober und wer wir selbst sind

Und dann auf einer langen Allee alle drei und die Blätter fliegen. Noch der gleiche Nachmittag? Immer noch Herbst? Sind schon oft hier gegangen. Carina bei uns in der Mitte. Eigentlich schon zu groß, um noch Engelchen flieg zu spielen, aber wenn die Blätter auch alle so fliegen! Westwind, die ganze Straße fliegt uns entgegen. Sowieso ein Tag, an dem man, auch wenn man müd ist, von nichts genug kriegen kann. Und jetzt noch eine Stelle in der Falkstraße, die mir einfällt. Genauso magisch und auch wie geträumt nur. Und ich weiß jedesmal wieder nicht, ob es sie wirklich gibt. Oder ist das die Wurmbachstraße? Aber auch am Weingarten und in der Georg-Speyer-Straße gibt es solche Stellen. Überall in Bockenheim. Und jetzt im Gehen fallen mir immer mehr ein. Gerade auch solche, an denen ich seit

Jahren vorbeigehe. Die Basaltstraße, in der wir zuerst gewohnt haben, als wir nach Frankfurt kamen. Die Häuser rings um den Hessenplatz. Die Mulanskystraße und die Konrad-Broßwitz-Straße, wo die Häuser und Vorgärten ein Stück zurücktreten, schweigend, damit Platz ist für einen kleinen halbrunden Platz mit Litfaßsäule, Bäumen und Telefonzelle. Und wie still es da nachts im Lampenschein ist. Der Alsfelder Platz, die kleinen Quergassen hinter der Friesengasse und die Friesengasse gerade dort, wo Edelgard wohnt. Abbruchhäuser, ein Hof in der Seestraße. Und so immer mehr. Nicht nur Straßen und Ecken und Häuser, sondern auch Details. Einzelheiten. Eine Haustür und drei Stufen davor. Viele Bockenheimer Haustüren. Eine Katze und ihr behender eiliger Schatten. Das Morgenlicht in der Kiesstraße. Ein finsteres altes Haus weiter vorn in der Jordanstraße und ein alter Steinkellergeruch, der zu diesem Haus gehört. Die Fenster im Erdgeschoß und das Lampenlicht in diesen Fenstern, wenn man abends müd heimgeht. Das Haus wird bald abgerissen. Drei Häuser nebeneinander, alte Häuser mit Erkern und Giebeln und stehen auf Abbruch, aber sind noch bewohnt. Erdgeschoßfenster in der Basaltstraße, in der Florastraße, in der Mühlstraße, Seestraße, Kaufunger Straße, in der Kies-, in der Jung-, in der Gräfstraße. Besonders am Abend, am frühen Abend, bevor die Gardinen und Rolläden zugemacht werden. Feierabend. Schon die Fernseher an und hinter jedem Erdgeschoßfenster hustet ein Frankfurter Bürger. Überhaupt alle Fenster bei Tag und am Abend und die Bäume am Rohmerplatz. Blau die Dämmerung, abendblau und der Himmel noch eben hell. Und wie dann die Bäume mit ihren Astspitzen hinauf in den himmelhohen gläsernen Himmel zeigen. Der Eingang zum Postamt. Fußgänger. Nebeneinander drei hellerleuchtete Telefonzellen und von der Schloßstraße hört man die Autos und Straßenbahnen und vom Westbahnhof die S-Bahn und Eisenbahnzüge (je kälter es ist, umso deutlicher die Geräusche!). Morgens die Obstkisten im gelben Licht vor dem griechischen Laden in der Homburger Straße, bevor es noch richtig hell ist. Früh am Morgen die Menschen an den Straßenbahnhaltestellen. So verloren in aller Frühe. Wie ausgesetzt stehen sie da und deshalb ist dir, du müßtest sie alle kennen. Eine hellerleuchtete Straßenbahn wie eine Erscheinung langsam über die Kreuzung. Frühmorgens die Zeitungs- und Tabakläden schon auf und dampfen vor Wärme. Türen, ein Türgriff, ein Frankfurter Steingesims (sie streichen den Sandstein in Frankfurt alle paar Jahre mit sandsteinfarbener Steinfarbe an! Weiß keiner warum!). Steine, ein altes Muster auf dem Gehsteig, noch drei andere Steingesimse – du hast sie gesehen und jetzt sollst du sie suchen!

Die städtischen Mietshäuser in der Schloßstraße. Sozialer Wohnungsbau. Der schüttere abgetretene Rasen, dem man gut zureden müßte. Grünflächen. Hart und trocken die nackte Erde. Wäschestangen, Garagen und Mülltonnen und vor dem stieren Blick der Kellerfenster hüpfen sogar in der frühen Finsternis noch die Amseln (sie sind hier geboren!). Und wie der alte Steinkellergeruch aus den Abbruchhäusern dich jedesmal wieder an die Zeit und an manche Gassen in Prag erinnert, endlich kommst du darauf. Einzelheiten, immer mehr Bilder und alles ganz deutlich. Erst nur in Bockenheim und dann auch im Westend. Im Westend, im Nordend, in Bornheim und in Sachsenhausen. Im Bahnhofsviertel, am Main und am Dom und in Bergen und Rödelheim. Erst noch gedacht, die muß ich jetzt alle suchen, aufsuchen! Atemlos, panisch! Sie finden, sehen, benennen, berühren sogar! Immer wieder berühren! Am liebsten sie einsammeln und mitnehmen! Aber werden immer mehr und flackern als innere Bilder auf, ein Brand und ist nicht zu löschen. Und schon siehst du dich in alle Richtungen gleichzeitig davonstürzen, schreiend und gestikulierend (so also geht Verrücktwerden!). Und dann auch Straßen und Ecken und Plätze in anderen Städten. In Marburg, Heidelberg, Hamburg. In Wien, in Paris, in Prag, Triest, Dubrovnik, Marseille. Immer weiter. Und gleich auch Stellen in Büchern. Absätze, Seiten, ein einfacher Satz. Du hast sie genau im Gedächtnis. Manche seit deiner Kindheit. Aber wie kannst du jetzt wissen, ob das alles wirklich da steht? Schnell heim! Erst heim und dann in die Bibliothek und rasend die Bücher durchblättern nach diesen Stellen. Die Bücher fangen zu flüstern an. Manche müssen gleich losschreien. An einem anderen Tag hätte es mich verrückt gemacht. Womöglich für immer. Aber weil wir hier mit großen Schritten im Wind gehen alle drei und die Blätter fliegen und Carina muß die ganze Straße entlang Engelchen flieg spielen, deshalb sagst du dir, das hat Zeit! Wird sich finden! Zum erstenmal kannst du dir von etwas sagen, es hat Zeit. Nach und nach wirst du alle diese Stellen nachsehen, die auf den Straßen und die in den Büchern und die in deinem Kopf. Erst in Bockenheim, dann in den anderen Stadtteilen und dann die in fremden Städten. Und auch die in den Städten in anderen Ländern. In Venedig, Istanbul, Kemi und Haparanda. In Bukarest auch. Allein in Bukarest weißt du auf Anhieb wenigstens drei oder vier. Zeit genug. Höchstwahrscheinlich muß man sie zur Sicherheit mehrmals nachsehen. Vielleicht sogar immer wieder. Das nimmst du dir vor und gehst weiter hier mit Sibylle und Carina im Wind. Wenn man Engelchen flieg spielt, muß man bei der Sache sein. Weil wir auch früher schon hier gegangen sind, deshalb gehen wir hier.

Eben diese Zeit: Spekulation in der Jordanstraße (das Haus neben der Karl-Marx Buchhandlung)

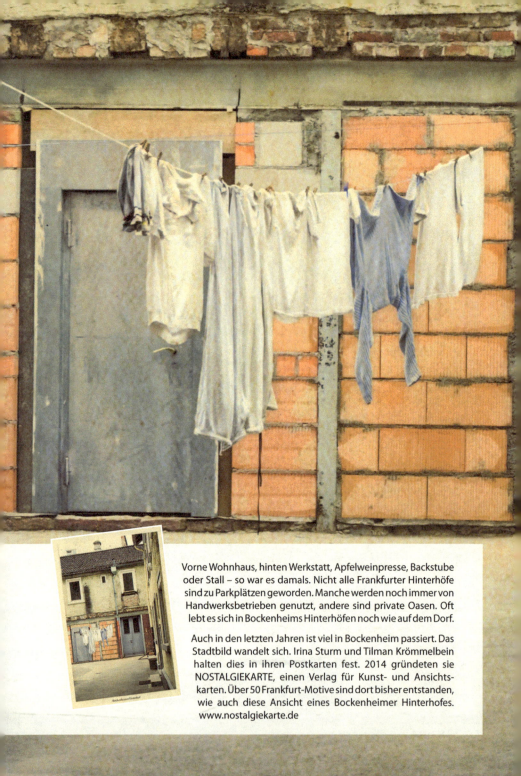

Vorne Wohnhaus, hinten Werkstatt, Apfelweinpresse, Backstube oder Stall – so war es damals. Nicht alle Frankfurter Hinterhöfe sind zu Parkplätzen geworden. Manche werden noch immer von Handwerksbetrieben genutzt, andere sind private Oasen. Oft lebt es sich in Bockenheims Hinterhöfen noch wie auf dem Dorf.

Auch in den letzten Jahren ist viel in Bockenheim passiert. Das Stadtbild wandelt sich. Irina Sturm und Tilman Krömmelbein halten dies in ihren Postkarten fest. 2014 gründeten sie NOSTALGIEKARTE, einen Verlag für Kunst- und Ansichtskarten. Über 50 Frankfurt-Motive sind dort bisher entstanden, wie auch diese Ansicht eines Bockenheimer Hinterhofes.
www.nostalgiekarte.de

Warte, Warte – auf die 24, am Himmel eine Taube ..., '76.

Helmer Boelsen

Bockenheimer Weltmeister

Aus eigener Kraft – das war das ambitionierte Motto, das sich Bockenheimer junge Leute gaben, als sie 1905 ihren Radsportverein Wanderlust gründeten. Der Sport eroberte die Welt in diesen Zeiten, als ein Zeichen technischen Fortschritts besonders der Radsport. Wanderfahrten von Bockenheim aus in die nähere Umgebung waren ihre ersten Aktivitäten, dann kamen die damals sehr beliebten Korsofahrten dazu. Immer mehr junge Bockenheimer schlossen sich an, der Verein wuchs – bis es mit dem Ersten Weltkrieg einen Einschnitt gab. Die jungen Männer wurden eingezogen, schließlich mussten sogar die Räder und vor allem die Gummibereifung abgegeben und „kriegswichtigen Verwendungen zugeführt" werden.

Nach dem Krieg besannen sie sich auf ihr Motto und begannen aus eigener Kraft mit Saalmaschinen in der Kaufungerschule zu trainieren. Reigenfahren stand zunächst auf dem Programm, Kunstradfahren zu zweit, zu dritt, auch zu acht. Sie brachten es bald zu großem Können. Und dann kam der Lumpenball ins Spiel. Nach dem Reigentraining wurde immer noch ein bisschen mit dem Lumpenball Radball gespielt – und das wurde nicht nur ein neues Betätigungsfeld, niemand ahnte damals, dass es der wahre Inhalt des Vereins Wanderlust werden sollte und Sportler aus Bockenheim die Weltspitze dieses Sports bilden würden.

Es begann vorsichtig, man traute sich zu Wettkämpfen in der näheren Umgebung, sah, dass man mithalten konnte mit anderen, und schließlich wollte man bei der Rheinischen Sportwoche in Köln dabei sein. Die Finanzen ließen eine längere Zugfahrt nicht zu, also fuhren sie ein Stück und den Rest der Strecke strampelten sie auf ihren Saalmaschinen mit der kleinen Übersetzung – aus eigener Kraft. Es lohnte sich, erfolgreich kehrten sie heim und wurden in einem Festzug ins Vereinslokal Zum Schlagbaum an der Bockenheimer Warte geleitet. Und die Bockenheimer Radballerbuben fuhren zu einem Turnier nach Berlin – diesmal mit der Bahn in der 4.Klasse, man hatte Hängematten mitgebracht, die in den Abteilen aufgehängt wurden, damit die Jungs ausgeschlafen ankamen. Und wieder hatte sich die Anstrengung gelohnt, hier in Berlin ging der Stern der Zweierradballmannschaft Schreiber-Blersch auf. Jeder kannte die Namen in Bockenheim, Schreibers hatten eine Wäscherei, Blerschs das Café Blersch. Aber es gab auch noch die Korsofahrten. Und als 1924 das Bundesfest in Frankfurt stattfand, waren die Bockenheimer natürlich dabei. Sie führten eine große Nachbildung der Bockenheimer Warte mit sich. Dumm nur, dass der eigentlich vorgesehene Chauffeur des Ganzen schon vorher ein bisschen zu viel gefeiert hatte, also musste der Vorsitzende Gustav Schreiber höchstpersönlich das Monstrum durch die Stadt kutschieren. Mal wieder aus eigener Kraft.

Inzwischen hatte sich die kleine Bockenheimer Gemeinschaft national und international einen Namen gemacht, das Goldene Jahrzehnt begann, Stufe für Stufe ging es seit der Hängemattenreise nach Berlin aufwärts, bis auf die oberste Stufe, als sie 1931 erstmals Weltmeister im Zweierradball wurden. Doch damit nicht genug. Das gelang Schreiber-Blersch auch 1932, 1933, 1934, 1935, 1936 und 1937. 1932, 1934 und 1935 wurde auch die Sechsermannschaft Weltmeister im Radball. Und das waren alles echte Bockenheimer Jungs, die nach wie vor ihr Training in der Kaufungerschule absolvierten und natürlich echte Amateure waren. Und ganz Bockenheim, ja ganz Frankfurt empfing die Sieger und geleitete sie mit einem Lampionzug durch Bockenheim.

Nach festem Glauben der Beteiligten waren es aber nicht nur Können und Leistung, die über Sieg oder Niederlage entschieden – sondern auch eine Zigarre. Die Zigarre von Franz Blersch, Eugens Bruder. Alle schwören noch heute darauf, dass die erste Weltmeisterschaft im Rasenradball in Antwerpen nur verloren ging, weil Franz die Zigarre verglimmte. Die Wanderlust war eigentlich Favorit. Franz Blersch hatte im Hotel noch einen antiquarischen Grammophontrichter aufgetan, der seine gutgemeinten Anfeuerungsrufe besser übers Spielfeld schallen lassen sollte. Und mit Spielbeginn steckte er seine obligatorische Zigarre an, zog kräftig und blies ebenso kräftig ins Horn, wenn die Sechse es unten bei einem Angriff nötig hatten. Doch das wurde den Gastgebern zu unruhig, und plötzlich verstummten alle auf der Tribüne. Die Platzordner hatten Franz Blersch als Ruhestörer entfernt, und vor lauter Schreck hatte er vergessen, an seiner Zigarre zu ziehen. Sie war aus, und obwohl der Franz nichts mehr sehen konnte, wusste er sofort, dass damit auch der Traum von der Weltmeisterschaft aus war! Auf seine Zigarre konnte er sich verlassen.

1933 hatte sich die Sechser-Mannschaft nicht für die WM in Paris qualifiziert, doch Walter Braun, Karl Möser und Heinrich Hartmann wollten wenigstens Schreiber-Blersch die Daumen halten. Sie erinnerten sich, dass sie ja Radfahrer des Vereins Wanderlust waren und nahmen die Strecke Frankfurt-Bockenheim-Paris mit dem Fahrrad in Angriff. Tags auf der Landstraße, nachts im Stroh, aber sie kamen hin, erlebten den WM-Titel des Zweiers mit und radelten zurück, und sogar ohne den Ärger, den die Weltmeister mit dem Auto hatten, das einen Federbruch erlitt, sodass die Bockenheimer Fans vergeblich im Festgewand warteten, um die ruhmreichen Buben gebührend zu empfangen. Der Empfang fiel diesmal aus. Einen Empfang aber gab es für die Fahrradreisenden, die zwar ein paar Tage länger brauchten, aber munter und frisch in der Leipziger Straße einradelten. Im Café Blersch wurden die staubigen Buben willkommen geheißen und der Eugen hatte ihnen eine Riesentorte mit dem ganzen aufgespritzten Weg Frankfurt-Paris-Frankfurt gebacken. Sie war schnell verspeist, denn die Armen waren auf dem Rückweg total abgebrannt und hatten die Mahlzeiten durch strammes Treten ersetzt!

Der Beginn des Zweiten Weltkriegs 1939 machte den sportlichen Aktivitäten in Bockenheim ein Ende. Die jungen Männer wurden eingezogen und Eugen Blersch, Wilhelm Schreiber und Gustav Kruppa kamen nicht zurück. Und dennoch sollte es weitergehen. Aus eigener Kraft. Zwei Männer heckten aus, wie es mit der Bockenheimer Gemeinschaft weitergehen sollte: Emil Werneburg und Walter Braun waren nach dem Krieg die prägenden Personen. Eigentlich standen sie vor dem Nichts, keine Maschinen, keine Bälle, keine Tore. Und doch war die Wanderlust einer der ersten Frankfurter Vereine, die wieder zum Sport gefunden hatten. Sie setzten sich zusammen, zimmerten Tore und Banden, bauten aus alten, wiedergefundenen Wracks von Radballmaschinen brauchbare Maschinen. Und wenn auch die ganz großen Erfolge in der Nachkriegszeit ausblieben, so war es doch der größte, überhaupt wieder auf die Beine, beziehungsweise auf die Räder gekommen zu sein.

Ein großer Tag war es auch, als 1951 in der Frankfurter Festhalle zum ersten Mal der neu gestiftete „Weltmeister-Schreiber-Blersch-Preis" ausgespielt wurde, der an die großen Zeiten erinnerte, als Bockenheimer Buben auszogen, den Gipfel im Radballsport zu erklimmen – aus eigener Kraft.

Ruth Krämer-Klink

Eine Liebe in früheren Zeiten

Luise Jacob war damals gerade 17 Jahre jung und arbeitete als Dienstmädchen bei den Barckhaus auf dem Schönhof. Eines Abends verabredete sich Luise mit ihrer Freundin Gerda nach der Arbeit bei schönstem Sonnenschein in Forells Garten in der Frankfurter Straße (heute Leipziger Straße). Dort waren bereits viele Gäste, die den lauen Sommerabend bei einem Apfelwein genossen. Besonders fiel Gerda ein gutaussehender schwarzhaariger großer Mann auf, der sich durch seine Uniform als Mitglied des 13. Husarenregiments zu erkennen gab.

Sie konnte den Blick nicht von ihm lassen und errötete bei jedem Hinsehen. Auch dem in der Kaserne Kasernenstraße, jetzt Rödelheimer Landstraße stationierten Husaren Hermann fiel die hübsche brünette Luise auf. Kurzerhand nahm er seinen Apfelwein und setzte sich zu den beiden jungen Damen an den Tisch. Unter dem Vorwand, müde zu sein, verabschiedete sich Gerda und ließ die beiden alleine. Die angeregte Unterhaltung zwischen Luise und Hermann endete mit der Verabredung für den nächsten Tag im Bernus Park hinter dem Schlösschen an der Brücke.

Luise fieberte den ganzen nächsten Tag dem Treffen entgegen. Nachdem sie sich sorgfältig ihre Haare gerichtet und sich in ihr Lieblingskleid, das mauvefarbene mit den dezenten Volants, gehüllt hatte, musste sie nur noch dem fragenden Blick ihrer Mutter Magda ausweichen, um endlich mit klopfendem Herzen zu dem Treffen in den Bernus Park zu gehen. Kaum angekommen, sah sie schon von weitem ihren angehimmelten Hermann stehen. Er lehnte lässig an der Brücke und begrüßte sie wie eine alte Bekannte, die zufällig vorbeikam. Sie unternahmen einen kleinen Spaziergang, wobei er sie um die Taille fasste. Sie war nun schutzlos dem unwiderstehlichen Duft von Leder, einem wunderbaren Geruch, der von seinem Eau de Cologne herrührte, und seiner Nähe ausgesetzt. Sie spazierten weit ins Feld, bis sie zu einer kleinen Wiese kamen. Dort setzten sie sich ins Gras und Hermann, ganz Kavalier, zog eine Flasche Wein und zwei Gläser aus seiner groben Ledertasche. Berauscht von dem lauen Abend und dem köstlichen Wein, den Luise zum ersten Mal probierte, sank sie in seine Arme. Sie wehrte sich nur schwach gegen die erst zärtlichen dann immer leidenschaftlicher werdenden Küsse. Das Schicksal zweier Liebenden nahm seinen Lauf.

Ziemlich spät schlich sich Luise auf Zehenspitzen in ihr Zimmer, um ja nicht einem ihrer Elternteile in die Quere zu kommen. Beruhigt hörte sie aus dem Schlafzimmer das gleichmäßige Schnarchen ihres Vaters Walter, der nach seiner anstrengenden Arbeit im Basaltsteinbruch immer sehr müde nach Hause kam. Durch den hohen Bedarf an Basaltsteinen in der Innenstadt rund um den Römer, wurden sehr viele Steine benötigt.

Eine leichte unbeschwerte Zeit begann. Ihre tägliche Arbeit bei den Barckhaus erledigte sie mühelos, selbst das lästige Plätten der Wäsche schien ihr leichter zu fallen. Ausflüge mit der Pferdetram, die vom Schönhof bis zur Hauptwache fuhr, unternahm sie mit ihrem Hermann. Sonntags lud er sie ins Kaffee Hauptwache zu einem Stück Kuchen und Kaffee ein.

Die Blätter färbten sich, der Herbst nahte. Nach diesem wunderbaren leichten Sommer sollte sich alles ändern. Hermanns 13. Husarenregiment wurde nach Mainz verlegt. Nach einem letzten Treffen in Forells Garten, dem Ort ihrer ersten Begegnung, verabschiedete sich Hermann. Er versprach ihr zu schreiben und verließ die traurige Luise nach einem letzten innigen Kuss.

Ihr Leben nahm seinen täglichen Gang. Die plötzliche Einsamkeit ließ sie antriebslos und nachdenklich werden. Eine morgendliche Übelkeit stellte sich ein. Die Briefe von Hermann wurden seltener. Immer häufiger schrieb er sehr sachlich von Tätigkeiten seines Alltags. Luise war irritiert und verunsichert. Bisher hatte er sie nie besucht, da seine Dienstzeit es ihm angeblich nicht möglich machte. Luise war völlig verzweifelt. Sie teilte ihre Befürchtung einer eventuellen Schwangerschaft Gerda mit.

Gerda riet ihr, in die Offensive zu gehen und Hermann mit dem Ergebnis ihrer romantischen Liebe zu konfrontieren. Nach langem Nachdenken und dem Besuch einer heilkundigen Frau, die ihre Befürchtung bestätigte, packte sie einen kleinen Korb und begab sich auf die Reise nach Mainz. Sie wollte erst Hermanns Reaktion auf das Wiedersehen abwarten, bevor sie ihm ihre Situation mitteilte. Sie fuhr mit dem Zug zum Mainzer Hauptbahnhof und ging zu Fuß zur Kaserne.

Die Schwangerschaft brachte ihre Schönheit zum Leuchten. Kaum hatte Hermann sie erblickt, nahm er sie in den Arm und schwenkte sie freudig im Kreis. Alle Zweifel der letzten Tage waren wie weggewischt. Er strahlte sie an und versprach, ihr nach Dienstschluss die zauberhafte Altstadt von Mainz zu zeigen. Wellen des Glücks überrollten Luise. Kein Zweifel, Hermann sollte der Mann an ihrer Seite und der Vater ihres Kindes werden. Nachdem sie ihm von dem freudigen Ereignis erzählt hatte, warf er sich auf der Stelle auf die Knie und machte Luise einen Heiratsantrag. Jetzt mussten nur noch die organisatorischen Dinge geklärt werden. Die Hochzeit sollte zeitnahe stattfinden, damit der Bauch sich nicht allzu sehr unter dem Hochzeitskleid hervor wölbte. Hermann beantragte Urlaub und bat Luise, das Aufgebot zu bestellen. Dabei stellte sich heraus, dass Hermann evangelisch und Luise katholisch waren. Hermann bestand auf einer evangelischen Trauung in der Jacobskirche in Bockenheim. Luise sah dunkle Wolken ihr Glück verfinstern. Die Eltern würden nie einer Heirat mit einem Protestanten zustimmen. Diese Zustimmung war aber nötig, da Luise noch nicht volljährig war. Freudig kehrte sie nach Frankfurt zurück und besprach die Lage mit ihrer Freundin Gerda. Die riet ihr, ihren Eltern reinen Wein einzuschenken. Am darauffolgenden Tag fasste sie sich ein Herz und beichtete ihren Eltern ihre folgenreiche Liebe. Nach dem ersten Schreck, der sich auf dem Gesicht des Vaters abzeichnete, lächelte die Mutter wissend. Ihr war die morgendliche Übelkeit der Tochter nicht entgangen und erleichtert hörte sie, der Vater des ungeborenen Kindes sei Willens, ihre Tochter zur Frau zu nehmen. Beschwichtigend redete sie auf ihren Mann ein, der nach einigem Zögern seine Zustimmung gab. Zur Feier des Tages öffnete er eine Flasche Wein und die ganze Familie stieß freudig an. Luise begnügte sich mit einem winzigen Schluck, der augenblicklich ihr Gesicht zu einem noch intensiveren Leuchten brachte.

Sofort wurden Überlegungen zur Hochzeit angestellt, Brautkleid, Termin, Trauzeugen. Die praktisch veranlagte Mutter begab sich auf den Dachboden, wo sie in einer Truhe das wunderschöne mit Spitzen besetzte Brautkleid ihrer Mutter zutage förderte. Luise hatte es stets auf dem Hochzeitsbild ihrer verstorbenen Oma bewundert. Umso erfreuter reagierte sie, es jetzt anprobieren zu können, da ihre Oma genau die gleiche Größe und Statur besaß wie sie selbst. Es passte wie angegossen. Am folgenden Wochenende machte Hermann seinen Antrittsbesuch bei den zukünftigen Schwiegereltern. Mit seinem höflichen zuvorkommenden Wesen hatte er sofort das Herz der Mutter erobert und der Vater zeigte sich nach einem gemeinsamen Schnaps auch ganz angetan.

Der Hochzeit stand nichts mehr im Wege. Das Aufgebot war bestellt und der kleine Saal in Forells Garten reserviert. An einem goldenen Oktobertag gaben sich Luise und Hermann das Jawort in der Jacobskirche. Trauzeugen waren selbstverständlich Gerda, Luises beste Freundin, und Wilhelm, ein Freund von Hermann. Als Überraschung hatten Hermanns Eltern, die extra von Stuttgart angereist kamen, eine kleine Musikkapelle organisiert, die bis weit nach Mitternacht für eine unvergessliche Hochzeit sorgten. Hermann hatte in Mainz eine schöne 3-Zimmer-Wohnung gemietet, in die sie einzogen und glücklich als kleine Familie dort lebten. Doch von Zeit zu Zeit packte Luise ihren Korb und fuhr mit dem Zug nach Bockenheim, um ihre Eltern und Gerda zu besuchen und den Ort ihrer Kindheit und Jugend wiederzusehen, den sie manchmal vermisste.

Bockenheim, Klein Corleone – Kiosk Friesengasse, neben dem Eiscafe Ecke Appelsgasse

Bockenheim-Istanbul 1975
(heute residiert dort Rewe,
obere Leipziger, gegenüber Penny,
der zu der Zeit daneben lag)

Jeffe Mangold

Eispalast

Gestern las ich in der Rundschau, dass Bockenheim anscheinend wieder mal im Zentrum des hochaktuellen Geschehens zu liegen scheint. Mit einer Rücknahme- und Beratungsstelle für gebrauchte und desillusionierte Jungsalafisten, denen es gerade noch gelungen ist, die Kurve aus dem kranken IS-Kalifat nach Hause zu kriegen.

So gefällt mir Bockenheim, mein altes Quartier, in welchem ich so viele Jahre meines Lebens verbracht habe: immer auf der Höhe der Zeit oder dem Trend eine Nasenlänge voraus, spätestens seit der wunderbar unruhigen Bockenheimer Uni in den 68ern, wo man sich sogar im eher harmlosen Café Bauer in der Gräfstraße und seinen eher harmlosen studentischen Gästen gelegentlich mit einem freundlichen Ho-Ho-Hotschi-Minh begrüßte. Zugegeben werfe ich mein wohlwollendes Auge heute aus eher sicherer „bürgerlicher" Distanz des nahen milden Westens auf das bunte Viertel hinter der Bockenheimer Warte. Aber der Geist, der uns schon in den Roaring Sixties gepackt hatte, war nie auf Bockenheim beschränkt, hier brannten vielmehr lediglich unsere Lagerfeuer, wenn wir von unseren Missionen zu den anderen wichtigen Plätzen der Stadt zurückkehrten. In Bockenheim aufgewachsen zu sein ging nicht, ohne sich mit der Zeit immer sicherer zu sein, zu den wahren Street Kings der Stadt zu gehören.

Schon in den ersten Nachkriegsjahren erarbeiteten wir uns als Buben dieses gefühlte Privileg auf den rauen Abenteuerspielplätzen unserer Wohnstraßen. Wir waren die Tom Sawyers und Huckleberry Finns , die auf Trümmern groß wurden, die keinerlei Schrecken mehr, sondern nur nervenkitzelnde und nicht ganz ungefährliche Abstiege in dunkle Schächte und Gewölbe bargen. Unser Mississippi war die verdreckte Nidda bei Ginnheim, unser Delta die wilde Sumpflandschaft der Woog zwischen Bockenheim und Hausen, die es längst nicht mehr gibt, nur die Keller der meisten Altimmobilien sind bis heute unverändert Feuchtbiotope, die man am besten mit Gummistiefeln betreten sollte.

Wir hatten sogar unsere „Neger" – nämlich die schwarzen GIs, die im Wertherbunker, einer Ami-Kaserne am Ende der Falkstraße stationiert waren. Ein, wie sich herausstellte, ideales Umfeld, um die Fähigkeiten, um die uns andere später beneideten, zu entwickeln.

Hier lernten wir schleichen, immer an den Wachtposten vorbei, so schnell wie möglich wegrennen – „wetzen gehen" hieß das damals – und klauen: Lebensmittel-dosen, Schokolade, Zigaretten, Kaugummi. Mir hatten es stets die amerikanischen Comic-Heftchen angetan, die berühmten DC- und DELL-Ausgaben von Superman, Bat Man, Green Lantern, Red Ryder, Roy Rogers, Mutt & Jeff, Captain Marvel und anderen Superhelden.

Ein weiterer unschätzbarer Vorteil dieser abenteuerlichen Zeit war das zwangs-läufige Herangeführtwerden an die Sprache unserer „Besatzer". Vor allem ich kam in den Genuss dieser frühen englischsprachigen „Sozialisierung", als ich später die Aufnahmeprüfung für das Liebig-Gymnasium in der Sophienstraße bestand und in Englisch logischerweise ganz ohne Streberallüren gleich Klassenbester wurde, wobei dieses Englisch mehr ein spezielles Comic-Amerikanisch war.

Das Gefühl, als Mitglied dieser ersten Bande von „Falk-Youngsters" im Besitz eines gewissen „Lebensvorsprungs" zu sein, gab uns Bockenheim auf vielfältige Weise.

Alleine vier Kinos im Stadtteil arbeiteten an der Entwicklung deines Persön-lichkeitsprofils – das Titania in der Basaltstraße, das Schwanenkino, nur wenig weiter in der Leipziger, später noch Camera und Alhambra im Bereich der Warte.

Allesamt keine unsäglichen Kabinenkinoschachteln, sondern ernstzunehmende Erstaufführungs-Spielstätten für Hollywood-Klasse und gar nicht so flache Ufa-Filme.

Das war jedoch nicht nur die Geburtsstunde meiner Kinoleidenschaft, die später „cineastische" Ausmaße mit manchmal vier Kinobesuchen an einem Tag, verteilt über alle Filmtheater der Stadt, annehmen sollte. Das Rumhängen vor den Kinos und das Einlaufen in den Saal waren mit zunehmendem Alter unverzichtbare Ri-tuale der damals auch in deutschen Städten häufiger auftretenden Jugendbanden oder Cliquen, die ihre Territorien der umliegenden Straßenzüge markierten, wie das ordentliche Rüden mit ihren Revieren tun. Eine nicht selten brisante Sache, gerade für uns „Falk-Youngsters"-Halbwüchsige am Rande der Pubertät. Hier um den Basaltplatz, im Bereich Titania und Schwanenkino, herrschte die Lutti-Bande. Ein wilder Haufen teils wesentlich älterer Jungs, die sich mit anderen Banden Stra-ßenkämpfe lieferten, wie wir sie auf den Leinwänden der Kinos gezeigt bekamen. Denen mussten wir aus dem Weg gehen, wenn sie in Vollbesetzung auftraten. Noch. Doch das sollte sich ändern.

Irgendwann landete ich mit meiner Mutter im nach dem Krieg neu aufgebauten Familienhaus im „grünen" Teil der Falkstraße mit ihren Bäumen, Höfen und kleinen Gärten, schräg gegenüber der Markuskirche. Das bedeutete neue Freunde, vor allem Stacho aus der Wurmbachstraße, der mein wichtigster Jugendfreund wurde. Zu dieser Zeit trainierte die Boxabteilung von Rot-Weiß Frankfurt ihre Staffel zweimal die Woche, dienstags und freitags, in der Turnhalle des Liebiggymnasiums in der Sophienstraße. Und wir klebten von außen an den Fensterscheiben und bewunderten die Kämpfer an den Maisbirnen, Sandsäcken, beim Sparring im Ring, bei der vielseitigen Gymnastik und beim Seilspringen, das auf uns – tap, tap, tap, flüssig ohne Stolpern und mit nur einem Zwischenstep gesprungen – sehr „männlich" wirkte. Also so, wie wir uns schon ein bisschen fühlten. Bis eines Tages der Trainer die heimlichen Zuschauer an den Fenstern entdeckte und uns lachend und freundlich herein winkte. Das hatte Folgen, die damals weder Stacho und ich, noch Waldi Struck, wie der Trainer hieß, ahnen konnten. Denn wir brachten Talent mit für diesen Sport. Und zwei Jahre später, mit 18, hielten wir unsere Kampfpässe in den Händen, „die Roten" hatten zwei ziemlich talentierte neue Bockenheimer Fighter, Stacho im Welter-, mich im Mittelgewicht. Das blieb im Viertel nicht unentdeckt, zumal die Roten in der Bockenheimer Turnhalle in der Marburger Straße auch Wettkämpfe gegen andere Box-Vereine austrugen und da plötzlich zwei original Bockenheimer Gewächse mit Erfolg mitmischten. Klar, dass wir auch „im Straßengeschehen", nicht zuletzt durch unsere neue Körpersprache, ganz anders wahrgenommen wurden, vor allem von der Lutti-Bande. Wir hatten „übernommen", ohne dass es zu einer entscheidenden Auseinandersetzung kommen musste.

Wir waren in diesen Jahren auch mit unserem habituellen Auftreten – graue Flanellhosen, weißes Hemd, schwarze Lederjacke – in eine im Wortsinne beherrschende Rolle im Stadtteil hineingewachsen. Das betraf auch die hübschen Mädchen, die im Laufe der Zeit immer mehr an Bedeutung gewonnen hatten. Und unser sehr eigener Kosmos war voll von ihnen, unvergessen die Sommer im „Bockenheimer" Brentanobad in Rödelheim mit seinem ungechlorten dunkelgrünen Niddawasser, das den hellhäutigen umschwärmten Nixen und ihren Bikinis – Klischees müssen sein – nach Schwimmrunden in den Becken selbst einen Stich ins Grüne gab.

Bockenheim wurde für uns immer mehr zum Nabel der Welt – und das „Markgrafeneck" unsere uneinnehmbare Burg, ideal direkt gegenüber der Falk-Schule gelegen, die inzwischen, nach deren Auszug aus dem Liebig-Gymnasium, Heimat von Rot-Weiß geworden war. Während ich, sozusagen im Austausch, seit geraumer Weile als frisch gebackener Gymnasiast die Stellung „auf der Liebig" in der Sophienstraße übernommen hatte. Unser Experimentierfeld und Abenteuerspielplatz Bockenheim

BOCKENHEIM FRÜHER 73

bekam in diesen Jahren auch im Rest der Stadt ein gewichtiges, richtungsweisendes Image. Wir taten allerdings alles, dieses zu fördern und das „Buckingham Feeling" in anderen Stadtteilen zu verbreiten. Der Rock'n'Roll, mitreißender Sound und Lebens-elixier dieser Jahre, half uns dabei – von der Wurlitzer-Jukebox im Markgrafeneck in missionarischen Eroberungszügen direkt in die Rock-Kathedralen „Sportpalast" an der Konstabler, „Berliner Eck" im Sandweg, „Kaiserhof" auf der Berger. Oder das „La Paloma" in der Hasengasse, aus dem in der nächsten Dekade der Frankfurter Innenstadt-Entwicklung, nennen wir sie die schon ziemlich substanzielle Beatles-Ära, das „Victorian's" von Cliquen-Mitglied Mike Kamp wurde. Wir dominierten das Geschehen. Gingen neue Allianzen und Freundschaften ein, etwa mit bis zum heutigen Tag legendären „Innenstadt-Jungs" wie Wölfi Seitz, heute Kneipier von „Das Wirtshaus" auf der Fressgass'– oder Bananen-Charly, die, der Entwicklung weit voraus und zur Absicherung uns Buckingham-Buben als ihre Bewunderer im Rücken, das Rock'n'Roll-Tanzen zur Livemusik vom Frankfurter Fats Domino, Otto Ortwein, alias „Fats And His Cats" im „St.Pauli" in der Münchner Straße kraftvoll und elegant zu einer perfekten leichtathletischen Disziplin verwandeln konnten. I Found My Thrill On Blueberry Hill – mitten im Bahnhofsviertel. Den thrill der be-sten Musik und der schönsten Mädchen gab es aber im jazzigen Storyville von John Marshall in der Stiftstraße, Vorläufer des damals einzigen Musiketablissements von europäischer Bedeutung, des „Zoom". Der Tempel, der Volker „Cooky" Dahl und seinen Partner Hans Schmidt, Frankfurts edelsten Zuhälter, durch Live-Auftritte unglaublich namhafter Bands, unter anderem Genesis, Deep Purple, Uriah Heep und vor allem die Band von Jimi Hendrix, Fat Matress, mit Weltmeisterbassist Noel Redding, unsterblich machte.

Nur zwei weitere Musicclubs und Live-Locations reichen seit dem und bis heute an die Klasse des „Zoom" heran: Ralf Schefflers „Batschkapp", die an anderer Stätte noch lebt.. Und die ehemalige „Music Hall" von Uwe Vollmershausen in der Voltastraße, gerne würde ich sagen „natürlich in Bockenheim", aber der Standort war eher Zufall und merkantilen Interessen geschuldet.

Kein Zufall war jetzt unser wesentlich weiter gestecktes Leben um den Aus-gangspunkt Bockenheim. Ein ganz neues Zentrum hatte sich während all unserer Lehr- und Wanderjahre durch die Zeitabschnitte und Stadtteil-Expeditionen etabliert – die „Heure Bleue" in der Hüttenbar von Altphilologe Hans Tänzer im Steinweg. Zwei DM kostete jeder Drink während dieser drei Stunden, 17.00 bis 20.00 Uhr, auf engstem Körperkontakt-Niveau mit den zweifellos süßesten und bezauberndsten

Teenies in ihren kurzen Twiggy-Hängekleidchen – Schülerinnen, Studentinnen, Töchter, viel Lerchesberg, der Frankfurter Millionärshügel in Sachsenhausen. Über die Heure-Bleue als „in Deutschland einmaliges gastronomisches Konzept für junge Großstädter" musste auch die FAZ eine ganze Seite dokumentieren. Worauf die besorgten Mütter ihre reizenden Töchterchen erst recht nicht mehr einsperren konnten. Zwischen den Twist und Madison tanzenden, männlichen Pendants in ihren braven Schülervertretungs-Klamotten fielen wir Straßenköter mit unserer Lässigkeit, die man heute als obercool bezeichnen würde und dem körperlichen Vorsprung natürlich auf. Obwohl auch wir eine gewisse, durch Boutiquen wie „Annas" auf der Großen Eschenheimer und „Henry's", Goethestraße, leicht zu vollziehende, modische Assimilation durchmachten und die schwarzlederne Kampfjacke durchaus gegen edlen schwarzen Blazer mit Goldknöpfen austauschten. Was uns allerdings nicht davon abhielt, im feinen Gewand den gleichen wilden Lebensstil zu führen, wie es für den kleinen Kern der noch verbliebenen Falk-Youngsters üblich war.

Diese Ära kann man nur als die Hochblütezeit unserer gesamten persönlichen Entwicklungsgeschichte mit ihrem entscheidenden Schritt hin zum „Erwachsenwerden" bezeichnen – samt meinen Zweifeln, ob ich je den zweiten gemacht habe. Oder machen will. Wir fühlten uns wie in einem Goldrausch, die ganze Stadt war unser Klondike und die Falk-Youngsters die Digger an der Front, die die Schürfrechte für alle vielversprechenden Claims der Stadt, in den Köpfen immer noch auf Bockenheim ausgestellt hatten. Bockenheim war unser Markenkern, das hatte uns geprägt . Und damit prägten wir ganz automatisch unser inzwischen weit über den alten Aktionsradius hinausreichendes Umfeld samt ihrer neu zusammengefundenen Innenstadt-Clique. Täglich, besonders aber nächtlich, begegneten wir uns wie auf ausgetretenen Wildwechseln , die hin und her, jedoch stets zu den saftigsten Plätzen eines Reviers führten. Café Schwille, Café Alpha, Hüttenbar, Onkel Max, Terrassencafé, Bus Stop, Cooky's, Dominique, Jazzkeller, Bobbestübchen, Saint Germain, Karrenberg, Picassokeller. Ein Netzwerk unseres selbstbestimmten Lebens und der Liebe, ich glaube, aus dem ständigen Verliebtsein kam ich gar nicht mehr raus. Das brachte uns sogar dazu – ansonsten eher dem vampirischen Dasein zugetan, spät auszuschliefen und kurz vor der Morgendämmerung auf die ausgeleierte Doppelbettcouch zurückzukehren – bereits in aller Herrgottsfrüh gegen 11.00 Uhr dem reizvollsten Spielplatz auf der Fressgass' zuzustreben, dem Pam Pam. Hierher zog es die Teenies der Anna-Schmidt-Schule sobald sie aus dem Unterricht abhauen konnten. Mit Herzchen auf den Augen übernahmen wir gerne die weitere Unterrichtung in den sehr geeigneten unteren Lagerräumen des Pam. Worauf alle mit Inbrunst die Nationalhymne des Lokals sangen und schworen „Marmor, Stein und Eisen bricht, aber unsere Liehiehibe nicht ... tam tam? Nein, natürlich pam pam!

Fast schicksalsmäßig wurde dann Bockenheim auch die angemessene Heimat der neuen Innenstadt-Clique. Mit dem „Mexikana" an der Bockenheimer Warte, einem der wichtigsten Ziele unserer allnächtlichen Excitement-Rallye, wo wir erstmals Cooky wahrnahmen, der dort genial die Turntables mit Otis Redding, Aretha Franklin und anderen noch nicht ausgelutschten Soulgrößen bediente, waren wir am Ende der Nacht nicht mehr weit von meiner Wohnung in der Falkstraße entfernt. Und todmüde. Und der „Eispalast" so nah. So hieß nämlich mein Domizil alsbald überall in der Stadt. Weil fortan immer ein paar der bekanntesten Köpfe dankbar dafür waren, ihre müden Häupter dort ablegen zu können. Dies auch in der arschkalten Jahreszeit, wo trotz der Kälte keiner mehr Lust hatte, den Kohleofen, die einzige Heizquelle, zu versorgen und anzuzünden.

Stattdessen heizten wir mit unseren reichlich vorhandenen Hormonen. Der Eispalast war von außerordentlich wichtiger strategischer Bedeutung, gerade auch wegen der rauschenden Feste in den in oder um Bockenheim herum liegenden Faschingshochburgen Quartier Latin – dieses Jahr übrigens zum 62. Mal an der Uni in Bockenheim. Oder der Timbuktu-Ball im Palmengarten, beziehungsweise mehrfach die stets heiß ersehnten Maskenbälle der Tanzschule Wernecke auf der Bockenheimer Landstraße, die bei mir schon Albträume auslösten. Dergestalt, dass ich einmal im Sommer träumte, die „Kampagne" hätte schon begonnen ... und ich hätte sie verpennt.

So waren wir letztlich wieder dort angekommen, von wo aus wir unseren Aktionsradius über Bockenheim hinaus ausgedehnt hatten.

Der Eispalast wurde zum Synonym für eine wunderbare Ära. Sie steckt immer noch in uns.

„Ich bin wieder hier

in meinem Revier

war nie wirklich weg

hab mich nur versteckt"

Marius Müller-Westernhagen

Alt gegen neu. Der Fernmeldeturm kurz vor der Erstmeldung, von der Bockenheimer Warte aus gesehen (Sept. '75)

‚Kauf mir einen bunten Luftballon ...' –
von Tchibo (auf der
Leipziger um halb zehn ‚75)

Walther Dunkl

Ein Bockenheimer Blumenstrauß

Als junger Architekt habe ich seit Oktober 1952 am Universitätsbauamt Frankfurt gearbeitet. Dieses wurde vom weltbekannten Ferdinand Kramer geleitet. Wir hatten sowohl den Wiederaufbau zerstörter Altbauten durchzuführen als auch die ersten Neubauten in Bockenheim zu planen. Das dringend notwendige Fernheizwerk in der Gräfstraße war meine erste große Bauaufgabe.

Wohl um die Pläne zeitgerecht fertigstellen zu können, war ich im Sommer 1953 in den Zeichensaal des Bauamtes gegangen, der damals im 1. Obergeschoß des Hauptgebäudes in der Mertonstraße untergebracht war. Zum Mittagessen war ich von einer befreundeten Familie in Sachsenhausen eingeladen. Vorsorglich hatte ich einen prächtigen Blumenstrauß besorgt.

Als ich den langen, menschenleeren Flur zum Haupttreppenhaus gegangen war, hörte ich von dort ungewöhnliches Stimmengewirr. Vom Treppenpodest aus sah ich eine, durch den eben fertiggestellten, großzügigen Haupteingang kommende, illustre Gesellschaft: der Rektor Horkheimer mit goldener Amtskette, der Oberbürgermeister Walter Kolb ditto und der Bundespräsident Theodor Heuß stiegen würdevoll die vom Publikum geleerte Treppe empor. Oben stand ich, vollkommen allein, im Sonntagsanzug und hielt meinen Blumenstrauß in der Hand. Als wir uns auf der Treppe begegneten, hatte ich nur eine Sorge, der Bundespräsident könnte annehmen, ich wollte den teuren Blumenstrauß ihm überreichen. Er schien wohl überrascht zu sein, dass ihm jemand entgegen kam, doch dankte er freundlich für meinen Gruß!

Die vornehme Gesellschaft ließ mich passieren, der ich den Strauß hinter meinem Rücken verborgen gehalten hatte.

PS: Ob man heute, ohne jede Polizeibegleitung einem Bundespräsidenten begegnen könnte? Damals war das in Bockenheim möglich!

BOCKENHEIMER UNI

Bockenheimer Uni

Mia Beck

Studium Generale

Wir lernten uns an der Goethe-Uni kennen, als wir Anfang zwanzig waren. Weil wir auf keinen Fall Lehrer werden wollten, studierten wir auf Magister. Du Kunstpädagogik und Geografie, ich Kunstpädagogik und Germanistik.

Deine neue Wohnung lag in der Großen Seestraße. Ein Haus mit vielen Namen am Klingelschild. Der Eigentümer vermietete ausschließlich an Studenten, denn die meisten seiner Wohnungen hatten kein Bad. Nur ein enges Klo mit einem winzigen Waschbecken gab es. Es lag gleich neben der Eingangstür. Wir strichen es in leuchtendem Pink.

Am Abend des Umzugs stellten wir unsere Zahnbürsten in ein Wasserglas auf die Spüle und rollten den Futon aus. Wir zündeten ganz viele Kerzen an, ließen den Sektkorken knallen und fanden alles herrlich improvisiert. Oft übernachtete ich bei dir. Wenn ich morgens aufwachte und dich neben mir erblickte, kam mir das sehr vertraut vor.

Über das Inserat kauften wir eine Campingdusche und fuhren mit dem VW-Bus eines Freundes nach Bonames, um sie abzuholen. Dann bauten wir sie in deiner winzigen Küche auf. Mindestens eine dreiviertel Stunde vor dem Duschen mussten wir den Boiler anstellen. Die Campingdusche hatte eine schmutzigweiße Farbe. Wir strichen sie zitronengelb und malten Blumen und Schmetterlinge auf die Falttüren aus durchsichtigem Plastik.

Bald merkten wir, dass es Mäuse in der Wohnung gab. Wir stellten eine Lebendfalle auf und fingen eine, die einen dunklen Fleck am Schwanz hatte. Wir trugen sie in der Falle bis in den Niddapark und ließen sie dort frei. Am nächsten Tag war sie wieder da. So ging das eine Weile weiter.

Abends aßen wir manchmal einen Salat im Heck-Meck in der Friesengasse oder tranken Rotwein in der Casa Nostra, der Casa di Cultura oder im Celsius.

Am Wochenende gab es immer irgendwo eine Party. Wir gingen hin, dachten uns Geschichten aus, sprachen fremde Leute an und erzählten, dass wir Friseusen oder Politessen seien, verteilten falsche Telefonnummern und lachten uns später halbtot. Das Institut für Kunstpädagogik befand sich hinter der Unibibliothek in der Sophienstraße. Im Keller des alten Backsteingebäudes bearbeiteten wir die verhassten Specksteine, leimten Holzplatten zusammen und mischten Zement, Sand und Wasser zu einer zähen Masse, die wir in Gipsformen gossen und nach dem Trocknen mit Schuhcreme einrieben. Wir zeichneten mit geschlossenen Augen zu Musik und übten uns im Hof des Instituts in informeller Malerei. Dafür schafften wir von irgendwoher riesige Malgründe heran, mischten Pigmente mit Acrylbinder und übergossen die getrockneten Schichten wieder und wieder mit Farbe. Aus Material wurde Materie.

Hin und wieder fuhren wir mit den Rädern zu einem Schrottplatz und suchten stundenlang nach ungewöhnlich aussehenden Metallstücken, die wir in unseren Kellern lagerten und später zu Figuren verschweißten. Du machtest einen Bildhauerkurs in der Toskana, ich baute meterhohe Figurengerüste aus Hasendraht, die ich mit Pappmaché zukleisterte. Damit sich das Pappmaché gut verstreichen ließ, mussten die Papierschnipsel ein paar Tage in Tapetenleim einweichen. Es ist so ähnlich wie bei Brennesselsud: Wenn die Masse anfängt unangenehm zu riechen, ist sie perfekt zum Verarbeiten.

Die Luft, die aus den Abzügen der Mensakantine entwich, roch ebenfalls nicht gut. Wir frühstückten lieber zu Hause, meistens jedenfalls, und gingen etwas später an die Uni. „Salat dabei?", fragte uns die Frau hinter der Theke jedes Mal, wenn wir doch einmal dort aßen. Es waren unterschiedliche Frauen, die das Essen austeilten, aber sie stellten alle die gleiche Frage.

Jemand erzählte uns, dass es in Mainz ein Studium Generale gäbe, das jeder Studienanfänger absolvieren müsse. Wir verstanden nicht, warum das nicht an jeder Uni so war. Anstatt in Linguistikseminare und Kunstgeschichtsvorlesungen gingen wir manchmal zu den Ethnologen, den Kulturanthropologen, den Anglisten oder den Theater-, Film- und Fernsehwissenschaftlern. Ich begann Niederländisch zu lernen und bewarb mich für ein Auslandssemester in Amsterdam. Wenn uns jemand fragte, was wir nach dem Studium machen wollten, zuckten wir die Schultern. Nie hatten wir Lust, länger darüber nachzudenken. Vieles war interessant. Wie sollten wir jemals etwas finden, das wir jeden Tag und lieber als alles andere tun würden?

Der ehemalige Campus Bockenheim in der Totalen von der Neuen Mensa aus

BOCKENHEIMER UNI 83

Das Philosophicum in der Gräfstraße – was wird nach der Sanierung davon übrigbleiben?

84 KAPITEL 3

Zwischen den Seminaren trafen wir uns im KoZ auf einen Kaffee. Abends spielten manchmal bekannte Bands wie Alice Donut, Victims Family oder Dead Moon. Andrew Loomis, der Schlagzeuger von Dead Moon, saß mit seinen Drums vorne auf der Bühne und trank während des Auftritts eine Whiskeyflasche leer. Auf der Bassdrum steckte in einer umgedrehten Jack Daniels-Flasche eine brennende Kerze. Als sie erlosch, war das Konzert zu Ende.

Weil das KoZ zum Studierendenhaus gehörte, war es ein hart umkämpftes Terrain. Nach jeder AStA-Wahl änderte sich die Besetzung. Obwohl es eine Goldgrube hätte sein müssen, machten alle Betreiber nur Verluste. Warum, war nicht schwer zu erraten. Ein Semester lang arbeiteten wir dort, belegten Brötchen, schenkten Kaffee aus und gaben Tassenpfand zurück. Dann hatten wir genug von den ständigen Diskussionen und Versammlungen, weil es wieder einmal Stress gegeben hatte. Irgendwann setzte die Unileitung einen privaten Sicherheitsdienst auf dem Campus ein. Es gab eine Demo und die Polizei kam mit Schlagstöcken. Später zerstritt sich der AStA endgültig, die Mitarbeiter besetzten das KoZ und erhielten in der Folge Hausverbot. Das interessierte uns aber schon nicht mehr.

Als das Ende der Unizeit nahte, war klar, dass du bald fortgehen würdest. Dorthin, wo es wärmer und schöner war als hier. Du bewarbst dich auf gut Glück als Reiseleiterin für Spanien, obwohl du nur ein paar Brocken Spanisch sprechen konntest. Wir besorgten uns in der Bücherei einen Stapel Bücher, lernten die Sehenswürdigkeiten und die Geschichtsdaten auswendig. Du bestandest den Aufnahmetest und sie glaubten dir, dass dein Spanisch gut sei, ohne es nachzuprüfen.

Ich wollte auch weg, am liebsten nach Berlin. Aber es kam immer etwas dazwischen. Und dann wurde ich auch noch Lehrerin.

Edeltraut Damerow

Gesprengtes Elfenbein

Hut ab

vor dem Schnee von gestern

der sich mischt

mit dem Staub von heute

für morgen

ist Nebel angesagt

Geschrieben anlässlich der Sprengung des AfE-Turms
ED 2. Febr. 2014

Sabine Koeppe

Linksrum, rechtsrum

„Mein Universum ist ein anderes als deines, seines oder ihres. Manchmal berühren oder überschneiden sie sich. Oft genug aber treiben wir als Parallelwelten durchs All." Sascha Grell, aufstrebender Dozent der Frankfurter Goethe-Universität, blickte in die Runde. Sein Gesicht zeichnete sich scharf vor dem Fenster ab, durch das Alina gerade noch den Spitzhelm der Bockenheimer Warte erkennen konnte. Als sein Blick sie streifte, zwinkerte er ihr kurz zu, der temperamentvolle Schnelldenker, kaum älter als die um ihn versammelten Studierenden und ihnen doch um Meilen voraus.

„Schauen Sie sich nur mal unsere kleine Veranstaltung an. 40, 50 Leute hören alle genau dieselben Worte, sitzen unter demselben Kunstlicht auf denselben harten Klappsitzen. Und doch wird jeder von uns den Raum mit einer anderen Wahrnehmung verlassen – wie diese beiden Kommilitonen hier!" Über die Köpfe in dem überfüllten Seminarraum hinweg deutete Sascha auf Alina und den neben ihr sitzenden Jan.

„In Jans Welt scheint Woche für Woche ein Bauernfänger mit geistlosen Parolen den Kasper zu geben. Das ist bestenfalls langweilig. Schlimmstenfalls trägt es zur Volksverdummung bei, kleistert die Gehirnwindungen an den eigentlichen Problemen der Gesellschaft vorbei mit geschliffenen Worten zu. Deshalb auch Jans grimmige Miene." Alina warf einen verstohlenen Blick nach rechts. Selbst Jans nachlässige blonde Wuschelfrisur stand heute abwehrbereit in scharfen Stacheln nach außen. In dem Gollum mit dem bitterbösen Blick konnte sie kaum mehr ihren sonst so unkomplizierten Kumpel erkennen. Mit ihm hatte sie vor 10 Monaten bei der spektakulären Sprengung des AfE-Turms Freundschaft geschlossen, als sie zu Füßen des überflüssig gewordenen Unihochhauses zufällig nebeneinander in der Menge der Schaulustigen standen. Warten auf den Sprengmeister – damals hatten sich ihre Universen perfekt überlagert. Im Moment trudelten sie Lichtjahre voneinander entfernt durchs unendliche Weltall.

„Alina ist der Gegenpol – aufmerksam, konzentriert und interessiert scheint sie jeden Mittwoch eine Veranstaltung zu besuchen, in der sie eine Menge lernt. Das hat sie uns allen mit ihrem Referat letzte Woche eindrucksvoll bewiesen." Sascha schenkte ihr ein strahlendes Lächeln und Alinas Alabasterhaut lief dunkelrot an. „Nehmen Sie unsere Unikonferenzen als weiteres Beispiel: zehn Teilnehmer – zehn unterschiedliche Ergebnisse! Der erste berichtet von einer Halbierung der Zuschüsse, der zweite von einer Verdoppelung. Einer zieht 2016, ein anderer 2017 um und ein dritter bestellt die Möbelpacker noch später." Sascha spielte darauf an, dass im 100sten Jahr der Goethe-Universität der alte Campus Bockenheim immer weiter abgerüstet wurde. Auch Sascha würde mit seiner Vorlesung über kurz oder lang zum neuen Campus Westend weiterziehen.

„Was schon für das Klein-Klein unseres Alltags gilt, trifft auf weltgeschichtlich bedeutsamere Ereignisse umso mehr zu! Die aktuellen Geschehnisse in der Ukraine werden Sie als Europäer anders beurteilen als ein Russe, ein Chinese anders als ein Amerikaner: Paralleluniversen! Aber selbst unsere persönliche Wahrnehmung ändert sich. Stellen Sie sich vor, Sie könnten einen Zeitsprung machen, fünf Jahre zurück. Würden Sie noch genauso handeln wie damals? Und wäre Ihr Leben anders verlaufen, wenn Sie gestern nicht nach links, sondern nach rechts abgebogen wären? Unfall, Traumfrau oder gar keine Veränderung? Auf jeden Fall hängt alles davon ab, welchen Personen wir begegnen, welche Informationen wir erhalten! Ein halbes Jahr ohne Zeitungen und Nachrichtensendungen oder als Schatten an der Seite der Bundeskanzlerin – stellen Sie sich vor, wie unterschiedlich sich das auf Ihre Weltsicht auswirken würde! Objektivität – die gibt es nicht. Um Einstein zu zitieren: „Realität ist eine Illusion!"

Saschas Relativitätstheorie: Alles war im Fluss! So wie an dieser Uni, die sich Zug um Zug ins Westend auf das Areal rund um das frühere IG-Farben-Gebäude verlagerte, jedes Jahr ein paar Puzzleteile mehr. Die Sprengung des AfE-Turms war ein solches Teilchen! In Sekundenschnelle hatte der Turm, in dem Generationen von Studenten gelernt, gelacht und gelitten hatten, sich in Luft aufgelöst, dachte Alina, als sie im Pulk mit den anderen Studierenden dem Ausgang zustrebte. Wie ein Pfropfen steckte die Meute im Flaschenhals der Seminarraumtür fest. Hier stockte es, anderswo galt: Panta rhei – alles fließt. Dem Stadtteil Bockenheim beispielsweise stand mit dem endgültigen Wegzug der Universität ein tiefgreifender Wandel bevor. Die Neuplanung des Areals firmierte unter dem Stichwort „Kulturcampus". Eine Mischung aus Wohnen, Gewerbe sowie Produktionsstätten und Unterrichtsorten für Musiker, Schauspieler und Tänzer. Auch zwei oder drei neue Hochhäuser waren geplant. War es ein schlechtes Omen, dass ausgerechnet das erste realisierte Teilprojekt aus einem reinen Wohnkomplex mit angeschlossenem Supermarkt bestand?

Dessen einziger Bezug zur Kultur lag in der Nachbarschaft zum Bockenheimer Depot, dem früheren Straßenbahndepot, heute Spielstätte für Schauspiel, Oper und Ballett. Das aber schon seit vielen Jahren, lange bevor irgendjemand das Wort Kulturcampus auch nur gedacht hatte!

Ob die Hochschule für Musik und Darstellende Kunst mit ihren immerhin über achthundert Studierenden jemals an die Bockenheimer Warte ziehen würde? Die Stadtfürsten konnten alleine nichts ausrichten, Hochschule war Ländersache. Und die Hessische Landesregierung saß nun mal im vornehmen Wiesbaden und nicht im Power-Tower Frankfurt. Feixend malte Alina sich aus, wie Frankfurt erst in einer konzertierten Aktion die Landesregierung unterwanderte, um dann in einer Nacht- und Nebel-Aktion die Ministerien in die einzig wahre Hessenmetropole an den Main zu verlagern. Der für Kultur zuständige Minister würde einen Neubau auf dem Bockenheimer Kulturcampus beziehen. Seine Mittagspause verbrächte er fortan im Grünstreifen, der das Areal durchzog, Seite an Seite mit den angehenden Künstlern. Geigenmusik, Balletttänzer im Tütü, Geschäftsleute im Nadelstreifenanzug. Der Minister und die Kulturschaffenden würden ihre mitgebrachten Pausenbrote kauen und tauschen – und bei Leberwurst und Auberginencreme leidenschaftlich diskutieren. Alina seufzte: ein Tagtraum, eine Utopie – zu schön, um wahr zu sein!

Sie warf einen Blick nach links. Jan setzte gerade einer Kommilitonin auseinander, wie wenig er von der Brillanz Sascha Grells überzeugt war. „Er ist so arrogant! Aber warum eigentlich? Sein Vortrag trieft vor Banalitäten und Gemeinplätzen! Wenn dich dieser Blender beeindruckt, kann ich dich nur bedauern!" Alina merkte an Jans verstohlenen Blicken: Eigentlich richteten sich seine Worte an sie! Er setzte sogar noch einen oben drauf, diesmal schaute er sie direkt an: „Für ein solches Gänschen hätte ich dich nicht gehalten!"

Alina schnaubte unwillig und schob sich energisch nach vorne. Geschickt fädelte sie sich in das Nadelöhr der Eingangstür ein, ließ Jan weit hinter sich und trat die Flucht nach vorne an. Auf eine weitere Diskussion mit ihm hatte sie keine Lust. Schon seit sie ihn zu Beginn des Wintersemesters erstmals in Saschas hochgelobte Vorlesungsreihe mitgeschleift hatte, stritten sie über das Ausmaß von Saschas Genialität: Jans Einschätzung tendierte Richtung null, ihre eigene zu 100 Punkten. War sie verblendet oder war Jan, der sich in letzter Zeit alle Mühe gab, ihr Herz und ihr Bett zu erobern, schlichtweg eifersüchtig? Sie mochte Jan, sie mochte ihn sehr, aber Saschas strahlend blaue Augen übten eine fast schon diabolische Anziehungskraft auf sie aus. Alina seufzte: „Alles fließt" galt offensichtlich auch für ihr eigenes Leben! Zeit, den Fluss ihrer Gedanken zu stoppen und sich eine kleine Auszeit in ihrem Lieblingscafé zu gönnen.

Sie musste nur eben noch in der Uni-Bibliothek ein fälliges Buch abgeben. Kaum vorstellbar, dass auch dieser emsige Bienenstock eines nicht mehr so fernen Tages einfach verstummen und verschwinden würde! Ihre Mutter wunderte sich bei jedem Besuch, dass die Studierenden sogar an Wochenenden und Feiertagen über ihre Bücher und Notebooks gebeugt in der Bibliothek hockten: „Zu meiner Zeit hätte es das nicht gegeben! Am Wochenende war die Bücherei dicht, Punktum! Und wir hatten ehrlich gesagt auch Besseres vor!"

Auf dem Rückweg passierte Alina das Philosophicum. Heruntergekommen und baufällig wirkte das leerstehende Gebäude aus den Endfünfzigerjahren. Um seine Zukunft hatte die Projektgruppe Philosophicum in den letzten Monaten gekämpft, hatte sich für bezahlbaren Wohnraum stark gemacht, verhandelt, gerungen – und war am Ende an der Finanzierungsfrage gescheitert. Eine Weichenstellung für das ganze Quartier? Sinnbild für die steigenden Mietpreise, die das Viertel und seine Bewohner erwarteten? Der Investor, der jetzt zum Zuge kam, versprach zwar Studentenapartments, aber würden normalsterbliche Studierende seine Preise überhaupt bezahlen können?

Blieb der Stadtteil auch in 5, 10 oder 20 Jahren noch ein lebendiges, bunt gemischtes Quartier – Multikulti in Sachen Wohnkultur? In Sachen Alters- und Sozialstruktur? Studierende, Familien, Rentner. Junge und Alte, Homo- und Heterosexuelle. Leder und Nadelstreifen. Rastalocken und Seitenscheitel. Hoffentlich würden sich am Ende nicht nur Ärzte, Anwälte, hohe Verwaltungsbeamte und Banker die neuen Luxuswohnungen leisten können! Würden die Studierenden den Stadtteil verlassen wie die Ratten das sinkende Schiff? Alina stellte sich vor, wie mit einem Plopp die Lichter ausgingen in dem kleinen Naturkostladen der Ökos, der Hinterhoffahrradwerkstatt, dem studentischen Carsharing-Betrieb, den Studentencafés und Copyshops. In der Bockenheimer Einkaufsmeile, der Leipziger Straße, hatte der Wandel bereits Fuß gefasst, schien aber immerhin auch den lange Zeit beklagten Niedergang gestoppt zu haben. Ein Versandhändler für Mode und Schuhe hatte das jahrelang verwaiste Kaufhausgebäude wiederbelebt – sein neuer Outlet-Store hatte sich zum Publikumsmagneten über die Grenzen des Stadtteils hinaus entwickelt. Und in freiwerdende Ladengeschäfte der „Leipziger" zogen längst keine Ein-Euro-Shops oder Handygeschäfte mehr, sondern schnieke Verkaufsstätten: ein französischer Käseladen, ein mediterranes Spezialitätengeschäft, edle Geschenkartikel, regionale Produkte, ein Kochhaus. Die Klientel, die auf die Studierenden folgte und noch weiter folgen würde, verfügte eben über mehr Geld!

Vor Alina spielten ein paar Kinder, malten mit bunter Kreide Häuser auf das Straßenpflaster. Kopfkino – in Gedanken entwickelte Alina die ungelenken Kinderzeichnungen weiter, stellte sich dieselbe Straßenecke in drei Entwicklungsvarianten vor: als gutbürgerliches Wohnviertel, als hippes Künstlerquartier oder Schickimicki-Sektor. Superkalifragilistisch … Wie weiland Mary Poppins mit ihren Begleitern sah Alina sich zusammen mit Jan und Sascha vor den Zeichnungen stehen. Sie drei fassten sich an den Händen und sprangen hinein in die bunt gezeichnete Welt. Ordentlich, sauber, ein wenig steril die erste. Schrill, bunt, originell die zweite. Gestylt, extravagant, edel die dritte. In welcher würden sie landen? Alina strich sich ein paar Strähnen ihrer langen roten Haare aus dem Gesicht. Noch immer ärgerte sie sich über Jans abfällige Bemerkungen. Sie malte sich ihn als klischeehaften Spießbürger aus, die blonde Wuschelfrisur glatt gescheitelt. In Strickjacke und beige-brauner Cordhose hob er sich farblich kaum von seiner Einbauküche – Eiche rustikal – ab. Nein, so sehr sie sich auch bemühte, Jan passte in keine der drei Schablonen. Sie versuchte dasselbe mit Sascha Grell: Spießer ging gar nicht, aber cool oder Snob war denkbar.

Ihr Handy piepste. „Deine Nabelschnur zur Welt – ich glaube, ohne das Ding bist du gar nicht lebensfähig", wie ihre Mutter zu jammern pflegte. Wieder ein Beispiel für „mein Universum ist ein anderes als deines" – Mama konnte problemlos tagelang ohne Handy auskommen, jedenfalls seit Alina das kritische Alter überwunden hatte.

Alina warf einen Blick auf das Display. Eine Einladung. Von Sascha. „Lust auf einen Kaffee? Morgen?" Sollte sie? Wollte sie? Ja oder nein – was würde passieren? Noch mehr Stress mit Jan? Landete sie in Saschas Armen? In Jans Armen? Oder verlor sie beide, ihren Kumpel Jan und Sascha, den Mann fürs Spektakuläre? Eine filmreife Liebesszene mit Sascha konnte sie sich vorstellen, den Alltag nicht. Eine Mischung aus beiden Typen, das wär's!

Ihr Handy meldete sich schon wieder. Eine Nachricht von Jan. „Sorry! Habe wohl etwas überreagiert. Darf ich dich morgen zum Frühstück einladen? Wohin auch immer du willst!" Uff! Zwei Einladungen, beide für morgen. Darüber würde sie bei einem Latte nachdenken. Sie beschleunigte ihre Schritte und näherte sich endlich dem Stattcafé, ihrem Lieblings-Café. Es war typisch für ein Univiertel: blankes Holz mit Gebrauchsspuren, eingesessene Polstermöbel, gemütlich aber kein überkandidelter Designerschick. Sie spitzte durch die Fenster in das Innere und zuckte zusammen. An einem Tisch in der Ecke saß Jan, er warf misstrauische Blicke zum Tresen, während er gleichzeitig auf dem Display seines Smartphones herumwischte. In seiner Blickrichtung hockte Sascha an der Bar, ebenfalls beiläufig mit seinem Handy beschäftigt. Dabei fixierte er Jan herausfordernd. Alina blieb unschlüssig stehen. Sollte sie einfach weitergehen? Ihr eigenes Mobilphone piepste, zweimal.

Sascha: „Hey, ich dachte eigentlich erst an morgen! Aber wenn du jetzt schon hier bist ...“

Jan: „Ein bisschen spät für Frühstück, aber ich gebe auch gerne eine Runde Kuchen aus :-)“

Mist! Sie hatten sie gesehen, alle beide! Weggehen schied also aus. Und was jetzt? Zögerlich schlenderte sie auf den Eingang zu, öffnete die Tür, blieb stehen. Die Blicke der beiden Männer richteten sich erwartungsvoll auf sie. Noch als sie sich wieder in Bewegung setzte, wusste sie nicht, wohin sie gleich gehen würde. Nach links oder nach rechts? Nach rechts oder nach links? Ihre Schritte wurden langsamer, immer noch war sie unentschlossen. Eigentlich wollte sie zu gar keinem von ihnen, jedenfalls nicht jetzt, nicht heute. Die Blicke der Männer trafen sich, verhakten sich, die Mienen wurden grimmig und besitzergreifend. Und sie ... marschierte einfach weiter geradeaus zu einem freien Tisch in der Mitte. Sie setzte sich, warf ihre langen Haare nach hinten, schaute einmal herausfordernd nach links, einmal provozierend nach rechts, bestellte einen Latte Macchiato, schlug die Beine übereinander, setzte ein Lächeln auf – und wartete ab, was weiter passieren würde.

Claudia Kreipl

Back to Bockenheim – Zurück auf Anfang

Da stand er nun und blickte auf das große Gebäude, in das er jahrelang ein- und ausgegangen war. Vom Bahnhof aus war er gelaufen, schließlich konnte man sich für eine derartige Strecke die Taxikosten sparen. Und er konnte einen Blick auf die Stadt werfen, in welcher er Jahrzehnte gelebt hatte. Die Straßen in direkter Bahnhofsnähe hatte er gerne hinter sich gelassen. Er konnte die multikulturelle Seite der Stadt nicht genießen, sondern empfand diese Gegend als unsauber. Dann war er über die Friedrich-Ebert-Anlage in Richtung Messe an den Banken vorbei gekommen. In diesen Straßen zeigte Frankfurt ein anderes Gesicht. Die Passanten in Businesskleidung schienen größere Eile zu haben, vielleicht auf dem Weg zu einem dringenden Geschäftstermin oder einem schnellen Mittagessen zu sein. Von hier aus hatte er im Vorbeigehen einen kurzen Blick auf den Turm hinter dem aufgeschütteten Erdwall geworfen. Er war die Senckenberganlage entlang am Senckenberg-Museum vorbei in Richtung Bockenheimer Warte gewandert und näherte sich langsam dem Campus Bockenheim an. Im Straßenbild wurden die Banker zunehmend durch Studenten ersetzt. Der Tyrannosaurus Rex vor dem Senckenberg-Museum trug ein übergroßes Trikot der Eintracht, das war neu für ihn. Er war kein Fußball-Fan und fand die Verkleidung des Sauriers albern. Anderen half es, sich mit dieser Stadt zu identifizieren. Er gehörte nicht mehr dazu.

Und so stand Jürgen nun auf der Bockenheimer Landstraße an der Kreuzung zur Senckenberganlage. Er betrachtete den AfE-Turm mit Distanz. An der Fassade prangte die Aufschrift „Elfenbeinturm", eine Bezeichnung, die Jürgen für diesen Klotz aus Stahl, Beton und Glas unpassend fand. Auch im übertragenen Sinne hatte er ihn nie als Ort geistiger Abgeschiedenheit empfunden. Mit mehr als hundert Metern bildete der Turm eine bemerkenswerte Höhe und wurde als Teil der Frankfurter Skyline wahrgenommen. Bereits in den 70er Jahren während der Eröffnung war er zu klein für die Vielzahl an Studenten und Mitarbeitern gewesen. Innen war er stets bunt gestaltet, mit wechselnden Parolen beschmiert und immer wieder Vandalismus ausgesetzt gewesen. Nun war der Bau bereits abgesperrt, das bunte Innenleben konnte man nicht mehr betrachten. Die Zeit des Turms war abgelaufen, er sollte gesprengt werden.

Für Jürgen hatte im AfE-Turm ein Berufsweg begonnen, den andere wohl als Karriere bezeichnen würden. Er selbst betrachtete seinen Weg als Selbstverständlichkeit. Er war schon damals ein kluger Kopf, belesen, mit analytischen Fähigkeiten, beharrlich und inzwischen mit Erfahrung. Das Studium der Gesellschaftswissenschaften hatte er gewählt, weil ihn interessierte, wie Menschen ticken. Er wollte deren Verhalten analysieren, Theorien verstehen, selber überprüfen. Die Studienzeit hatte er auf seine Weise genossen. Während andere demonstrierten und die Welt verbessern wollten, lebte er eher introvertiert. Mainstream war nie sein Ding gewesen. Er las die Bücher der von seinen Kommilitonen meistdiskutierten Denker, ging dann aber eigene Wege. Er recherchierte, dachte nach, schrieb. Damit nutzte er seine Tage gut, wie er meinte. Natürlich nahm er auch am Leben auf dem Campus teil. Einen Kneipenbesuch mit einem guten Bier oder einem Äppler und kritische Auseinandersetzungen mit jenen Kommilitonen, die nicht nur polemisch waren, wusste er zu schätzen. Nach dem Studium war er direkt auf dem Campus Bockenheim geblieben und hatte seine Doktorarbeit geschrieben. Die Wissenschaft war seine Welt geworden. Er hatte sich einen Namen gemacht. Jetzt lebte er seit Jahren als Professor an einer namhaften Universität in den USA. Er pflegte Kontakte zu Kollegen in aller Welt, nahm an internationalem wissenschaftlichem Austausch teil. Er hatte seinen Platz gefunden. Während der Turm mit der Sprengung am Sonntag seinem Ende entgegen sah, stand Jürgen in der Mitte seines Lebens.

Nach Frankfurt hatte es ihn nicht zurückgezogen. Seine Familie lebte noch hier, aber die Verbindung war lose geworden. Er lebte für seinen Beruf und mit Menschen, die sich auch in diesem Kosmos bewegten. Sein letzter Besuch in Frankfurt lag Jahre zurück. Die Einladung zu einem Ehemaligentreffen anlässlich der Turmsprengung hatte ihn überrascht. Es war das erste Treffen dieser Art. Bislang hatte offensichtlich keiner seiner Kollegen und Nachfolger Interesse an einem Wiedersehen gehabt. Der fünfundachtzigste Geburtstag seines Vaters in der nächsten Woche fügte sich

Adorno prägt auch heute noch das Bockenheimer Bild

passend an den Termin des Ehemaligentreffens an. Die Sprengung des Turms als technische Herausforderung wollte er sich natürlich nicht entgehen lassen.

Nun war er also hier. Vor dem Treffen heute Abend hatte er noch genügend Zeit, auf alten Pfaden zu wandeln. Jürgen überquerte den Campus und wanderte ziellos durch die Straßen Bockenheims. Lange hatte er in einer kleinen Wohnung nahe der Leipziger Straße gewohnt. Der Trubel war unverändert, ein Konglomerat aus türkischen Einzelhändlern, den unvermeidlichen Handy-Läden, den bekannten Ketten, einem Bio-Supermarkt. Alles war ihm sehr vertraut. In den Nebenstraßen gab es damals wie heute Kneipen, Bistros und Restaurants.

Der Gedanke daran ließ ihn spüren, dass er seit dem Flug nichts mehr gegessen hatte. Jürgen erinnerte sich an die rustikale Frankfurter Küche, die er nur selten verschmäht hatte. Er lief durch Seitenstraßen der Leipziger, gelangte auf die Adalbertstraße und ging die Jordanstraße entlang. Hier lag zu seinen Studienzeiten das Pielok, ein Lokal, das er seinerzeit gemocht hatte. Die Nähe zu seinem damaligen Büro und die durchaus vielfältigen, diskussionsfreudigen Gäste hatten ihn zu einem regelmäßigen Besucher werden lassen. Überrascht stellte er fest, dass es das Pielok an derselben Stelle mit demselben Namen noch gab. Er setzte sich innen an einen kleinen Tisch in der Nähe des Ausgangs zur Sommerterrasse. Der große Äppler und die Portion Handkäs kamen ihm jetzt gerade recht. In dieser Ecke hatte er auch früher gelegentlich gesessen. Einige derer, mit denen er damals diskutiert oder deren großen Reden er gelauscht hatte, waren später in der Politik oder wie er in der Wissenschaft gelandet. Selbstbewusste Männer, nur wenige Frauen waren darunter gewesen, zumeist etwas im Hintergrund. Die Zeiten der freien Liebe hatte er wenig ausgekostet. Er hatte wenige Affären und noch weniger Beziehungen gehabt. Erotik spielte für ihn kaum eine Rolle. Es war das Wort, der virtuose und bedeutungsvolle Umgang mit Sprache, was er als anziehend an Frauen empfand. Eine Karin gab es damals. Komisch, dass er gerade jetzt an sie dachte. Sie arbeitete als studentische Hilfskraft, als er seine Doktorarbeit schrieb. Sie verschlang Literatur ebenso wie er. Als kritische Diskussionspartnerin, die vieles hinterfragte und Dinge auf den Punkt bringen konnte, waren die gemeinsamen Gespräche hilfreich gewesen. Daher hatte er sie auch das eine oder andere mal hier her eingeladen. Er hatte keine Ahnung, was aus ihr geworden war. Was auch immer, es war in jedem Fall Zeit, sich wieder der Gegenwart zuzuwenden. Jürgen war nun gestärkt für den Spaziergang, der ihn zum Hotel führen sollte. Zeit für eine Dusche und ein Schläfchen, bevor er ehemalige Kollegen und möglicherweise auch seinen geistigen Ziehvater wieder treffen sollte.

Jürgen wurde an der Rezeption freundlich begrüßt. Das Zimmer stand erwartungsgemäß bereit. Merkwürdigerweise konnte die Empfangsdame ihm keine Auskunft über das Ehemaligentreffen geben, weder über den Ort des heutigen Abendessens noch über den Ablauf der morgigen Veranstaltung. Wenigstens hatte sie den Brief nicht vergessen, der für ihn hinterlegt war. Er schüttelte innerlich den Kopf über den üblen Service, während er den Umschlag öffnete. „Herzlich willkommen", begann der Text. Hier begrüßte das Organisationsteam ihn persönlich und beschrieb den Ablauf der Veranstaltung. Nach dem heutigen Empfang mit dem Oberbürgermeister, dem Präsidenten der Universität und einigen Rednern aus dem Kreise seines ehemaligen Fachbereichs sollte ein zwangloser Erfahrungsaustausch bei einem mehrgängigen Dinner stattfinden. Morgen sollte bei einem Sektfrühstück gemeinsam mit den Honoratioren der Stadt und der Presse die Sprengung von einem Tagungsraum des Hotels mit bestem Blick auf den AfE-Turm beobachtet werden. Heute Abend begann es um 21:00 Uhr. Er würde sich pünktlich im Raum „Adorno" einfinden.

Bereits fünf Minuten vor der Zeit stand er in seinem dunklen Abendanzug an der Tür des Tagungsraums. Eine Beschilderung zur Veranstaltung hatte er vermisst, aber er hatte den Raum dennoch gefunden. Die Tür war nicht geöffnet und außer ihm war niemand da. Die sprichwörtliche deutsche Pünktlichkeit gehörte wohl der Vergangenheit an. So wartete er im Flur und betrachtete durch das Fenster die nächtliche Skyline. Ein Geräusch hinter ihm ließ ihn aufblicken. Die Tür zum Raum „Adorno" hatte sich geöffnet und eine in schwarz gekleidete Frau begrüßte ihn mit „Herzlich willkommen. Sie müssen unser Kollege aus den USA sein. Bitte treten Sie ein!" Woher auch immer sie das wusste und warum auch immer er nach wie vor der einzige auf dem Flur war, Jürgen ging mit wenigen Schritten in den Tagungsraum, der nicht für eine Armada altgedienter Akademiker vorbereitet zu sein schien. Nur ein kleiner Tisch mit silbernem Kerzenleuchter und brennenden Kerzen war zu erkennen. Das Licht war gedimmt, durch die großen Fenster drangen die Lichter der Stadt herein. Während er sich im Raum orientierte, schloss sich die Tür hinter ihm. Dass der Schlüssel im Schloss gedreht wurde und in einer Tasche verschwand, nahm er nicht wahr.

„Nach so langer Zeit sollten wir doch mit einem Champagner anstoßen?" Dieser Satz unterbrach Jürgens Orientierung. Die Person kannte ihn vermeintlich. Jürgen konzentrierte sich auf die Erscheinung im Halbdunkel des Raumes. Es war die Frau, die ihn hineingelassen hatte. Dunkel gekleidet stand sie mit zwei Gläsern in der Hand. Der Champagner funkelte leicht, erleuchtet vom Schein der Kerzen. Man hätte es fast für ein romantisches Rendezvous halten können. Sie musste ihn verwechseln. „Meine Dame, Sie erwarten sicher jemand anderen", versuchte er die Situation aufzuklären. „Ich werde bei einem Treffen von Mitgliedern der hiesigen Universität erwartet."

„Nun, mein Lieber, das Ehemaligentreffen findet doch genau hier und jetzt statt. Der Kreis ist etwas kleiner als du erwartet hast. Hättest du gerne, dass mehr Leute deine wohlgesetzten Worte hören? Wir werden sehen. Früher hast du übrigens nicht so geschwollen geredet."

„Karin?" Nun hatte Jürgen die Stimme erkannt.

„Ja, ganz recht", erwiderte die Angesprochene und drückte ihm ein Glas in die Hand. „Dann können wir ja jetzt auf die alten Zeiten trinken. Zum Wohl, mein Lieber!" Jürgen fühlte sich wie in einem schlechten Film. Auf den Schreck brauchte er tatsächlich einen Schluck. Er trank den Champagner in einem Zug aus. Und es war immer noch wie in einem schlechten Film. Nur dass ihm jetzt auch noch übel wurde.

Als er wieder zu sich kam, hatte er einen schalen Geschmack im Mund. Es war hell. Er war nackt an einem Stuhl festgebunden, die Hände am Rücken gefesselt. Er verstand die Welt nicht mehr. „Was machst du mit mir? Warum hast du mich hier hergelockt?", fragte er Karin.

„Erinnerst du dich noch an Hans-Jürgen Krahl?", entgegnete sie.

Jürgen hatte diesen Namen seit Jahren verdrängt. Krahl galt als einer der wichtigsten Theoretiker der Studentenbewegung. Er war ein Schüler Adornos gewesen. Aufgrund seines frühen Todes war seine Doktorarbeit nie fertig geworden. Er selber hatte Krahl nicht persönlich gekannt, war ihm aber auf seine Weise zu Dank verpflichtet. Und nun kam ihm auch die Erkenntnis, warum ihm Karin heute bereits beim Äppler in der Studentenkneipe wieder in den Sinn gekommen war. Innerlich keimte eine Vorahnung, dass hier keine Kleinigkeit auf ihn wartete. Hier wurde eine alte Rechnung beglichen.

„Wir beide wissen, dass Hans-Jürgen Krahl nur vermeintlich an seiner Doktorarbeit über Karl Marx geschrieben hat. Tatsächlich war er einer der stärksten Kritiker Adornos. Das stand alles in seinen Schriften. Und der Schriftwechsel zwischen Adorno und Horkheimer, den Krahl gesammelt hatte, bestätigte seine Thesen. Darüber wollte ich damals meine Abschlussarbeit schreiben. Aber dann hast du dir die Unterlagen unter den Nagel gerissen und verschwinden lassen.

Als ich deine Doktorarbeit las, war für mich auch klar, warum. Du hast Krahls Gedanken allesamt als deine ausgegeben. Und dein geschätzter Doktorvater ist dir auf den Leim gegangen."

Jürgen erinnerte sich an die angestaubte Schachtel, die Karin von Krahls Schwester Eva Jahre nach dessen Autounfall erhalten hatte. Sie hatte Aufzeichnungen von Hans-Jürgen Krahl, aber auch Schriftwechsel zwischen Horkheimer und Adorno enthalten. Karin hatte damals einen Schatz gehoben. Ihm war zu diesem Zeitpunkt noch keine wirklich zündende Idee für seine eigene Doktorarbeit gekommen. Schon gar nichts, womit man in die Geschichte eingehen konnte. Und da bot sich nun die beste Gelegenheit. Er musste zugreifen. Karin hatte den Wert des Fundes sowieso nur andeutungsweise erkannt. Und er hatte es natürlich heruntergespielt. Als sie protestierte, dass es doch ihre Briefe seien, hatte er sie vor allen Kollegen und dem Chef heruntergeputzt und lächerlich gemacht. Danach hatte sie keine Akzeptanz mehr am Institut erfahren und sich schließlich zornig, aber mit sprichwörtlich eingezogenem Kopf zurückgezogen. Einen akademischen Abschluss hatte sie nie erlangt. Ihr Ruf war ruiniert.

„Lieber Jürgen, heute wendet sich das Blatt. Ich habe die Unterlagen wieder, die dich als Betrüger entlarven. Mit dem Umzug der Bibliothek des AfE-Turms wurden die alten Bestände aufgelöst. Ich habe mir die Schachtel wieder besorgt. Du penibler Mensch hattest ja alles schön archiviert. Siehst du die Post-its in deiner Doktorarbeit? Und Krahls Aufzeichnungen mit den vielen Markierungen? Ich habe beides gelesen. Du hast Krahls Gedanken wortwörtlich übernommen, du hast die Sätze noch nicht mal umformuliert. Aber jetzt möchte ich aus deinem Mund hören, wie es sich zugetragen hat."

Jürgen räusperte sich. „Ja, du hast recht!", gab er zu. Und dann redete er sich die damaligen Ereignisse von der Seele. Kaum zu glauben, was Karin losgetreten hatte.

„Was ist aus dir geworden?", fragte Jürgen nach seiner Beichte fast etwas kläglich.

„Was glaubst du wohl?", entgegnete Karin. „Mit einem abgebrochenen Hochschulstudium? In diesem Hotel bin ich gelandet, vor vielen Jahren schon. Aber heute ist mein letzter Arbeitstag. Nach der Sprengung verschwinde ich. Für mich wird es eine berufliche Veränderung geben. Und für dich vermutlich auch." Sie pausierte kurz und fuhr dann fort: „Morgen früh wird in diesem Raum die Presse stehen, um über die Sprengung zu berichten. Auch der Oberbürgermeister, der Universitätspräsident und die Professoren vom Fachbereich werden kommen. Meine Kollegin wird sie alle pünktlich um neun Uhr gemeinsam hier hineinführen."

Während Karin sprach, bediente sie einige Knöpfe an einem Schaltpult. Dann schob sie den Stuhl, an den er gefesselt war, in die Mitte des Raumes. Nackt, kraft- und hilflos musste er es geschehen lassen.

„Mal schauen, ob das nicht auch deine Karriere sprengt. Das Ende des AfE-Turms als dein berufliches Ende? Ich hoffe, dass du bequem sitzt. Siehst du dort die Kamera? Dein Geständnis ist aufgezeichnet. Während du auf morgen wartest, werde ich es ins Internet stellen. Youtube und Social Media warten auf sowas. An den einen oder anderen Fernsehsender werde ich die Datei auch schicken. Ein Beamer wird die Szene in einer Dauerschleife ausstrahlen – in diesem Raum und auf dem Campus."

Jürgen rang nach Luft. Er konnte nicht glauben, dass dies gerade wirklich geschah. Noch nie war er derart gedemütigt worden. Fassungslos beobachtete er Karin, wie sie die angestaubte Schachtel von damals auf dem weißgedeckten Tisch platzierte. Die Kopie der Aufzeichnungen Krahls mit den bunten Markierungen legte sie vor die Schachtel. Und seine Doktorarbeit direkt daneben.

„Jetzt machen wir das Hotel mal so bunt wie den AfE-Turm" waren ihre letzten Worte. Bevor sie den Raum verließ, richtete sie schweigend und mit zornigem Blick die Spraydose auf die Wand und schrieb schwungvoll die Worte: ICH BIN DER KÖNIG DER PLAGIATOREN.

Christian Viets

Der wahrscheinliche Anfang
vom Ende des Suhrkamp Verlages

Irgendwann Ende des letzten Jahrhunderts, als die Digitalisierung noch in weiter Ferne war, trafen sich an einem sonnigen Mittag eine Handvoll junger Männer auf einem Bockenheimer Fußballplatz. Natürlich war dies verboten, da diese Sportkameraden keine Mitglieder des altehrwürdigen VFR Bockenheim waren. Ein Verein, der immerhin mit Manfred Binz sogar einen deutschen Nationalspieler hervorbrachte. Was unseren Helden in diesem Augenblick jedoch vollkommen egal war. Auf wen oder was warteten unsere jungen Studenten? Dazu später mehr. Junge Studenten, diese Bezeichnung galt nicht für alle Mitglieder dieser Runde. Einer wurde Karl gerufen, ein anderer Krischan. Die anderen Gerd, Torsten, Enrico, Markus, Eric und auch Andreas waren nicht mehr taufrisch, sondern eher gestandene Germanistikstudenten. Es waren die wunderbaren Jahren, als es noch Magister gab und man der angloamerikanischen Finanzwelt und ihrer Schnelllebigkeit keinerlei Tribut zollen musste. Die genannten Charaktere kannten sich alle aus einem Seminar und Karl war ihr An- und Verführer, ihr Dozent. Und doch gab es noch einen, damals bei diesem historischen Ereignis: Er hieß Hans Castorp. Zu diesem Anlass stieg er hinab von seinem Zauberberg. Um es kurz zu machen, es handelte sich bei diesen Knaben um das Germanistenteam der Goethe-Universität. Erstaunlicherweise ist aus ihnen allen etwas geworden: Porschefahrer, Verleger,

Journalisten, Lehrer, Professoren und Privatiers. Jeder ging seinen Weg, die einen den leichten, die anderen den beschwerlichen. Aber keiner blieb auf der Strecke. Der Leser wird sich jetzt fragen, Germanisten und Fußball, geht das überhaupt? Und ob. Denken Sie an Camus, von dem der Satz stammt: „Alles was ich über Moral weiß, habe ich durchs Fußballspielen gelernt".

Sie sehen, unsere Helden befanden sich in guter Gesellschaft. Auch ihre fröhliche Konzentrationsfähigkeit, ihr Dehnen und Warmmachen schien professionell. Sie nahmen ihre Aufgabe ernst. Aber auf wen warteten sie? Welche Mannschaft sollte gegen diesen Haufen antreten? Es war kein gewöhnliches Team, es war die Betriebsmannschaft des Suhrkamp Verlages, eine Institution. Glänzende Trikots, promovierte Spieler, eine erlesene Auswahl. Hier traf die geballte Suhrkampkultur Deutschlands auf ihre Novizen.

David gegen Goliath. Ein Spiel biblischen Ausmaßes. Sie begrüßten sich freundlich. Und schon ging es los. Der Kampf war einseitig. Nur die Trikots glänzten in der Sonne. Die Spieler aus dem Westend hatten keine Chance. Sie fluchten und siezten sich und kassierten eine herbe Niederlage. Am Ende stand es 8:1 für unsere Freunde. Eine Niederlage, die den Verlag im Mark erschütterte. Am gemeinsamen Umtrunk nahmen die Geschlagenen nicht mehr teil.

Den Rest der Geschichte kennt man aus der Zeitung. Suhrkamp floh nach Berlin. Bis heute ist kein brauchbares Fußballbuch dort erschienen. Und unsere Helden? Keiner von ihnen wurde ein SUHRKAMPAUTOR.

M.I.Grant

Elfenbein & Nilpferde

ELFENBEIN steht hoch oben am Turm, auf der der Senckenberganlage zugewandten Seite. Die gegenüberliegende Kante des eckigen grauen Ungetüms hätte man nicht weiter beschriften müssen, die Aussage wäre auch so klar genug gewesen. Jedenfalls steht gegenüber TÜRME, aber nicht mehr lang, denn der Countdown läuft bereits, erreicht die „Null", und auch wenn es dann noch ein wenig dauert und die wartende Menschenmenge irritiert zu lachen beginnt, kommt schließlich der große Knall, mit dem das hässlichste Gebäude Frankfurts in einer riesigen Staubwolke zusammensinkt.

Ich war nicht dabei, beim Sprengungsspektakel vor einem Jahr. Auf *youtube* dagegen habe ich's ein paar Tage später angeschaut, bestimmt zehn verschiedene Clips, und mir dabei zu Bewusstsein gebracht, diesen abschreckenden, nunmehr pulverisierten Bau nicht nur von außen, sondern ein wenig auch von innen gekannt zu haben. Klar und deutlich erinnere ich mich an bestimmte Bücher, die ich bei meinen seltenen Besuchen im 17. Stock ausgeliehen habe, Wolfgang Köhlers Klassiker zum Werkzeuggebrauch bei Schimpansen oder P.A. Kropotkins Pionierarbeit über Kooperation im Tierreich – die gab's „nur bei den Soziologen", wie es formelhaft hieß, nicht an der Hauptbibliothek.

Party, Vortrag, Diskussion –
das Kommunikations-Zentrum
(ehemaliger Uni-Campus)

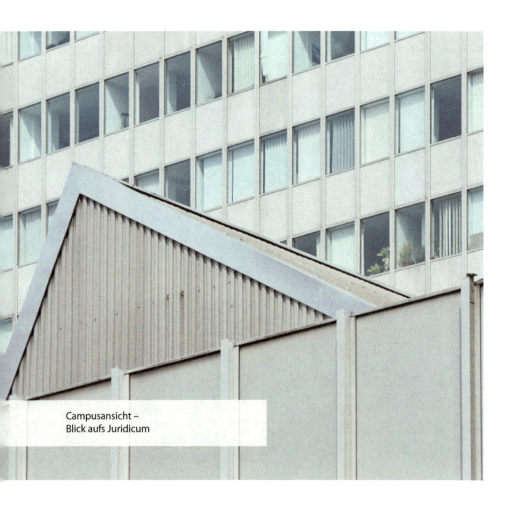

Campusansicht –
Blick aufs Juridicum

106 KAPITEL 3

Wie auch immer, die Sache mit der riesengroßen ELFENBEIN-Beschriftung war mir in all den kleinscreenigen *youtube*-Videos kein bisschen aufgefallen. Als mein alter Studienfreund Pirri sie heute erwähnte, verstand ich nicht, was er meinte. Möglicherweise war ich auch noch abgelenkt durch die haarsträubenden, dem Internet entstammenden Dümmlichkeiten, die er mir beim Frühstück direkt vom Monitor – und in einer dem Inhalt bestens angepassten Intonierung – vorgelesen hatte:

„Besuchen wir die Seminar-Räume und Bibliotheken der geisteswissenschaftlichen Fakultäten, so ist dort außerhalb der Vorlesungszeit kaum jemand anzutreffen. Die fest angestellten Sekretärinnen trinken Kaffee und erzählen sich Geschichten über den dauerabwesenden Chef, die Assistenten weilen im Mutter- beziehungsweise Vaterschafts-Urlaub oder auf Tagungen, und die Studenten der Soziologie, Politologie, Germanistik, Anglistik, Geschichte, Philosophie, Theologie u.s.w. sind, bis auf wenige Ausnahmen, verschollen: wahrhafte „Geister"-Studenten. Nur einige Fleißige schreiben Hausarbeiten oder korrigieren solche.

Ein anderes Bild zeigt sich bei einer kleinen, bescheiden lebenden Studenten-Minderheit, den angehenden Biologen, Chemikern, Physikern und Ingenieuren. Sie haben kein ,lustiges Studentenleben': Während der vorlesungsfreien Zeit (das Un-Wort ,Semesterferien' gibt es in den Naturwissenschaften nicht) finden Labor-Praktika, Exkursionen und Prüfungen statt, und das in einem Ausmaß, dass ich mich als Biologie-Chemie-Student an der Uni Freiburg meistens auf das beginnende Semester gefreut habe. Zumindest jene Professoren naturwissenschaftlicher Fachgebiete, die man als Autoren von Fachbüchern und Web of Science-Publikationen im Internet findet, forschen in der vorlesungsfreien Zeit und schreiben an Manuskripten und Forschungsanträgen."[1]

„Äh ...", murmelte ich einigermaßen fassungslos. „Das ist keine Satireseite? Das hat wirklich ein Professor geschrieben?"

„Oh ja", erwiderte Pirri. „Und wie du merkst, ein ganz großer Durchblicker. Schön, nicht? Jetzt weißt du wenigstens, dass du eins von den richtigen Fächern studiert hast. Ich dagegen eins von den Elfenbeinfächern – stand zuletzt ja auch groß auf dem AfE-Turm."

So kamen wir darauf. Als ich gestehen musste, dass mir in den *youtube*-Clips keine derartige Beschriftung aufgefallen war, zeigte Pirri mir seinen eigenen Videomitschnitt: Der setzte kurz vor der Sprengung mit dem nah herangeholten ELFENBEIN-Graffito ein.

Auf dem Bildschirm rieselt immer noch der Staub, und ein Taubenschwarm flattert aufgeregt um die leere Stelle, an der der AfE-Turm stand. Für jemanden, der mit Soziologen und sonstigen Turmbenutzern eher wenig zu tun hatte, muss ich ein ziemlich deprimiertes Gesicht ziehen – jedenfalls versucht Pirri, mich vom Fernseher abzulenken: „Jetzt schau' dir das mal an, das wird dir gefallen. Ich hab mir nämlich ein paar Bücher dieses professoralen Oberdurchblickers ausgeliehen, und seitdem lache ich mich täglich halb krank über das, was der Herr Fachautor so absondert – hier, bitteschön!"

Er reicht ein aufgeschlagenes Taschenbuch herüber. Eine dreiteilige Grafik zeigt einen Frosch, ein Krokodil und ein Nilpferd, die nur mit Augen und Nasenöffnungen über die Wasseroberfläche ragen. Pirri tippt auf einen Satz, den er mit einem gelben post it markiert hat, und ich lese:

„*Die Nasenlöcher und Augen stehen bei allen drei Tiergruppen in einer über der Wasseroberfläche liegenden, geraden Linie; hiermit ist den Räubern ein Lauern und Jagen im Wasser möglich.*"[2]

Als ich das von *post its* übersäte Buch sinken lasse, nicht weniger fassungslos als beim ersten professoralen Zitat dieses Morgens, lacht Pirri laut auf.

„Wunderbar, nicht wahr? Tja, sogar ich als fauler Geisteswissenschaftler weiß, dass Nilpferde keine Lauerjäger sind, sondern eher dicke, gemütliche Pflanzenfresser. Das ist unserem Experten vor lauter Laborpraxis und Anträge schreiben wohl irgendwie entfallen. Aber für 'ne Professur an der Uni Quassel im schönen Nordhessen hat's gereicht, und seitdem er die hat, schreibt er echt wie jemand, den so schnell keiner mehr rausschmeißt. Hab' mir seine gesammelten Werke ausgeliehen und außerdem jede Menge Internet-Kleinodien zusammengetragen – ich denke, da mache ich 'ne Studie draus: *Bildungsrepublik Deutschland: Universitäts-Eigenleben 2015.*"

Ich habe inzwischen vom Bücherstapel auf Pirris Schreibtisch einen Band herausgegriffen und betrachte den Rückumschlag: „... *der international ausgewiesene Evolutionsbiologe ...*" – mir sagt die angebliche Koryphäe gar nichts, aber man lernt ja nie aus. Also auf's Geratewohl aufgeschlagen, und natürlich lande ich wieder bei einem der unzähligen gelben post its, die Pirri auch in diese Seiten hineingedonnert hat:

„*So wurden z. B. die Dinosaurier 1880 noch als gigantische Wasserbewohner interpretiert (Abb. 10.2). Heute wissen wir, dass die Dinos Land-Reptilien waren*"[3]

Was soll denn das schon wieder heißen? Ich schlage besagte Abbildung nach und erblicke einen im Ozean paddelnden Plesio- und einen Ichthyosaurus. Solche

108 KAPITEL 3

Fischechsen haben mit „Dinos" im engeren Sinne nichts zu tun, das ist wohl wahr. Aber „1880" kannte man längst jede Menge anderer Funde – verallgemeinernd zu behaupten, „die Dinosaurier" seien damals als „gigantische Wasserbewohner interpretiert" worden, ist völliger Quatsch! Ich halte die Grafik hoch:

„Weißt du, als ich als Studi im Senckenberg Museumsführungen gemacht habe, hatte ich manchmal *Kinder*, die sich mit der Entdeckungsgeschichte von Dinos auskannten. Im ersten Lichthof brauchte ich oft gar nicht viel zu sagen, ich hab' nach links auf das Iguanodon gezeigt, und manche Kiddies konnten mir dazu gleich was erzählen. Von den Älteren kannten einige sogar die Modelle für die Londoner Weltausstellung 1851, mit dem vierfüßigen Iguanodon, statt auf den Hinterbeinen laufend. Aber keiner von denen hätte mir jemals erzählt, Iguanodon und Co. wären früher als »Wasserbewohner« angesehen worden. Was zum Teufel ist das hier für ein Scheiß?"

„Du gibst mir das Stichwort", antwortet Pirri breit grinsend. „Denn unser »international ausgewiesener Evolutionsbiologe« hat es im Laufe der Jahre geschafft, einige ähnlich kompetente Jamba-Wissenschaftler um sich zu scharen, und die markieren seitdem so etwas wie hochrelevante Chefaufklärer in den Kloaken des www. Da, schau dir den hier an, der darf sich ebenfalls »Professor« nennen und kennt sich in der Geschichte der Naturwissenschaften genau so vorbildlich aus wie unser Dino-Experte!"

Ein weiteres aufgeschlagenes Buch landet auf meinem Schoß, und *post it*-geleiteten Blickes darf ich den nächsten Schwachfug konsumieren:

„Darwins Verdienst besteht vor allem darin, Funktionsweise und Ablauf der Selektion schon sehr präzise formuliert und mit einer breiten Basis an Beobachtungsdaten untermauert zu haben. Aber durch welchen Mechanismus diese Varianten entstehen können, das war freilich in einer Zeit, die nichts von Vererbung, Genen, DNA, Molekülen wusste und gerade einmal etwas von Atomen ahnte (!), völlig unklar."[4]

„Hä??", keuche ich. „Zu Darwins Zeiten »nichts« von Molekülen gewusst, das gibt's doch nicht, meint der das ernst? In den Jahren hat's chemische Erkenntnisse und Patente zu allen möglichen Verbindungen nur so gehagelt! Und warum macht dieser Typ noch so ein Ausrufungszeichen hinter diese dämliche Behauptung mit den Atomen?"

„Wahrscheinlich weil er so professoral präzise ist. Der wird übrigens »Biochemiker« genannt, deshalb weiß er auch so viel über Atome und Moleküle. Aber so richtig abgerundet wird das Bild erst durch seinen Schreibstil. Hier, ich zeig' dir zu guter Letzt mal, was der für Sprüche ins Internet kloppt. Das ist übrigens Gelaber aus einem Text, der in seinem Umfeld als wissenschaftlich zitierfähiger Artikel angesehen wird. Bitteschön!"

Pirri tätigt drei Mausklicks, und ein grellgelb markierter Satz erscheint auf dem Monitor. Ich traue meinen Augen nicht, als ich ihn lese:

„Nein, echtes Offenbarungswissen wäre es gewesen, wenn, sagen wir, der kleine Hirtenjunge Owamba Habumbu Mula-Mula in der Steppe von Oberlambobumbistan 7 mal in 7 Nächten träumt »Owamba, höre, E gleich m mal c-Quadrat, und nun gehe nach Europa und sag das Dr. Einstein!«."[5]

„Das kann nicht sein, oder?", murmele ich ungläubig.

„Willkommen in der traurigen Gegenwart. Wenn du mich fragst, dann dürfte jemand, der glaubt, dass man zu Zeiten Darwins »nichts von Molekülen wusste« und »von Atomen gerade einmal etwas ahnte«, und der dazu noch öffentlich solche Sprach-Infantilismen auswirft, niemals eine Professorenstelle an irgendeiner Universität erhalten – außer in »*Oberlambobumbistan*« vielleicht, damit meint der Typ wahrscheinlich sein Ruhrpottloch."

„Ich glaube, mein Tag ist gelaufen", antworte ich.

„Also, das war nicht meine Absicht", erwidert Pirri, fährt den Rechner herunter und klopft mir auf die Schulter. „Was soll ich denn sagen, ich arme Sau muss Geld für Frau und Kinder ranschaffen. Komm, genieß deine eintägige Rückkehr in unser altes Uni-Viertel, und vergiss', was Bologna-Reformen und sonstige Unfähigkeitsorgien aus den ehrwürdigen Wissenschaften gemacht haben!"

Auf der Straße verabschieden wir uns, Pirri sprintet zur U-Bahnstation Kirchplatz, und ich torkele mit einem Gefühl der Übelkeit im Bauch Richtung Leipziger Straße. *Long, long ago*, unsere Studienzeit ... Pirri hat damals schon Leute verabscheut, die ausschließlich auf Karrierekriterien fixiert waren und denen es egal war, wenn sie darüber fachliche Inhalte vernachlässigten. Aber dass so ein Totalabsturz einmal möglich sein würde, hätte ich mir niemals vorstellen können – zum Kotzen.

Also hingesetzt auf eine Bank in einer kleinen Seitenstraße. Die Sonne bricht durch, ich schließe die Augen und flüchte mich in längst vergangene Tage. Diese wunderbaren Sommer am guten alten Campusgelände, mein Studienbeginn in einer mir ganz unbekannten Stadt. Begeisternd war die extreme Dichte an Bücherfundgruben, wie sie in den Neunzigern in diesem relativ kleinen Gebiet vorzufinden war. Von der Uni-Hauptbibliothek an der Bockenheimer Warte hatte ich einen riesigen Bestand erwartet, und zu der kamen noch die Fachbereichsbibliotheken hinzu, wie zum Beispiel die in der mittlerweile abgerissenen Geologie/Paläontologie an der Senckenberganlage. Aber die heimliche Krönung des Ganzen waren die Buchläden und vor allem die Antiquariate. Der Uni-Bibliothek gegenüber, bei den Mensen, gab es zunächst einmal die „Bockenheimer Bücherwarte", die Hauptanlaufstelle für jeden Neukauf. Direkt daneben, am Gebäudeeingang zum Uni-Hauptkomplex, hatten die fliegenden Händler ihre Buchkartons aufgebaut, und es war fantastisch, was man da manchmal zu absoluten Tiefstpreisen ergattern konnte.

Von dort aus Richtung Leipziger Straße war der Schwenk nach links in die Gräfstraße Pflicht, in ihrem oberen Abschnitt mit der geisteswissenschaftlich ausgerichteten Buchhandlung Hector und weiter unten, in Höhe des Senckenbergmuseums, mit dem naturwissenschaftlichen Counterpart „Harry Deutsch". Auf halbem Weg dazwischen, in der Jordanstraße, lag die Buchhandlung Karl Marx sowie, separat, das große Karl Marx-Antiquariat. Was ich da im Laufe der Jahre alles abgegriffen habe, ist mir bis heute heilig. Natürlich kursierten dort auch Namen ehemaliger oder gegenwärtiger prominenter Besucher. Immer in mir herumgeistern wird wohl der von Zoran Djindjic, erschossen 2003.

Dahinter verstreut lagen weitere Antiquariate. Die Straßennamen habe ich nicht im Kopf; ich brauchte sie schon damals nicht, weil die vielen Bücherquellen meine Orientierungspunkte bildeten. Wozu Straßenschilder abspeichern, wenn es Antiquariate mit solch einprägsamen Namen wie „Der Rabe" gibt? Und das gehörte zusammen mit Karl Marx übrigens zu den Besten. Die anderen hinkten qualitativ hinterher, aber letztlich war es bei ihnen wie bei den Bücherkartons der fliegenden Händler am Campus: Man wusste nie, was neben allerlei Minderwertigem an verborgenen Schätzen vor sich hinschlummerte und geduldig auf Entdeckung wartete. Auch auf der „anderen Seite" – das war Pirris und mein Kurzsprech für den Bereich auf der anderen Seite der Adalbertstraße – gab es noch etwas zu holen: auf der Adalbert selbst die Buchhandlung „Bücherkorb" und außerdem das Antiquariat an der Ecke Große Seestraße/Landgrafenstraße.

Tja, *perdu*. Wie es nach der Jahrtausendwende weiterging, ist ja bekannt. Es gab keinen Weltuntergang, wie die Milleniumsproblem-Propheten damals in Aussicht stellten, aber dafür den Untergang zahlloser Bücherwelten. Die Antiquariate 100%ig ausgelöscht, wenn man die Campus-Buchkartons nicht dazu zählt. Die Buchläden auch alle weg, nur Hector und die „lieferbar"-Abteilung von Karl Marx halten sich noch. So jedenfalls Pirris Bericht, und er wischte dieses Thema ganz schnell vom Tisch, als könne er es kaum ertragen:

„*Bibliothek von Alexandria* – mehr sag' ich nicht."

Ich lasse mir dieses Bild durch den Kopf gehen, sehe wieder den Staub des einkrachenden AfE-Turmes und Pirris wütenden Blick, besonders bei seiner Bemerkung mit den Bologna-Reformen. Wir beide hatten ziemlich viel Zeit im Studium, kannten nicht diese idiotisch-enge Taktung, nach der die heutige Generation durchgehetzt wird. Das gab uns Freiräume, neben dem Studienstoff andere Sachen zu lesen, und wir nutzten sie. Ich war Naturwissenschaftler, stets dankbar dafür, von Pirri auf alle möglichen Kleinodien aus Geisteswissenschaften und Belletristik hingewiesen zu werden. Umgekehrt versorgte ich ihn, den Philosophen, mit „empiriezentriertem" Stoff à la Köhler und Kropotkin – entsprechend sicher vermag er heute zu erkennen, wenn stolzgeschwellte Empirietröten nur Blech präsentieren. Was fürchten gewisse Großmäuler-mit-nichts-dahinter wohl am meisten? Falls es eine belesen-kritische Nachwuchsgeneration sein sollte, dann Gratulation: prophylaktisch wegreformiert, Job erledigt.

Ich stehe auf und gehe weiter. Die schönen Erinnerungen, für die bin ich hier. Eine davon ist ein groß gewachsenes, echtes 90er-Ravegirl, das damals aushilfsweise in der „Bücherwarte" arbeitete. Ich hasste eigentlich die Technoszene; um so intensiver wunderte ich mich darüber – tagelang, wochenlang – wie gut dieses Mädchen mir gefiel ... der stilprägende Tattoo- und Piercingbeschuss vereinigte sich bei ihr zu einem glitzernd-gelungenen Kracher, einem Wunschtreffer im Collider. Und dann noch ihre meeresschneckenartigen Zöpfchen und venusfallenhaften falschen Wimpern ... Das alles machte mich unsagbar kreativ, so dass ich eines Tages vor ihr an der Ladentheke aufkreuzte (ich hatte vorher geschickt von draußen, also von den Bücherkartons aus, die Lage gepeilt – musste ganz schön warten, bis die Gelegenheit endlich günstig war!):

„Hallo, ich möchte ein Buch von Arno Schmidt bestellen. Schmidt mit »dt«."

„Gern – welches denn?"

„Der Titel ist" – stimmungsvolle Kurzpause mit seriösem Griff zur Brille – „*Schwänze*".

Später durfte ich mich fragen, wie viele Menschen dieser Buchtitel wohl schon zusammengebracht hat – immerhin gab's den ja schon seit Mitte der Siebziger. Was mich betrifft, hatte unzweifelhaft der *spirit* der sommerlichheißen Neunziger besagte Angriffsidee in meinem Schädel ausgebrütet. Ganz von selbst war ich allerdings nicht drauf gekommen, denn das Buch kannte ich natürlich dank Pirri.

112 KAPITEL 3

***

Abends, Hauptbahnhof, mein Zug zurück, ich sitze gegen die Fahrtrichtung und sehe Mainhattans Lichter verschwinden. „Schöne Erinnerungen", wie man's nimmt. Diese verschwundene Bücherwarte, die hat weh getan vorhin ... Ich hab' meine Handyshots gemacht und das Weite gesucht. So viel Dauerhaftigkeit wie Familienvater Pirri konnte ich meinem kultiviert-phallophilen Ravegirl leider nicht abringen – trotzdem war's wundervoll, damals.

SMS Pirri: „Hast du mitgekriegt, dass im ägyptischen Museum in Kairo ein paar Vollpfosten die Maske von Tutanchamun zerbrochen und dann fröhlich weiter ruiniert haben, als sie sie schnell mit Epoxidharz zusammenkleistern wollten? Das sind wohl Bologna-Akademiker, die solche Trottel einstellen und dann noch an die wertvollsten Funde ranlassen ... *throw them to the crocodiles!!*"

Was für ein deprimierender Tag. Ich sende ein „*Pirri for Pharao!!!*" zurück und starre in die Dunkelheit, in die der Zug mich immer tiefer hineinträgt.

Paul Pfeffer

Adorno und der Fußball

Einmal ging Adorno in der Leipziger Straße spazieren, um sich vom vielen Denken auszuruhen. Da trat ihm ein auffällig gekleideter Mensch mit einem Mikrofon in den Weg, in dessen Begleitung sich ein weiterer auffällig gekleideter Mensch mit einer Fernsehkamera befand. Sie waren unverkennbar vom HR-Fernsehen.

„Darf ich Ihnen eine Frage stellen?"

„Wenn's weiter nichts ist", entgegnete der Philosoph gemessen.

„Also: Wer gewinnt heute Abend beim Derby? Die Eintracht oder Kickers Offenbach?"

Adorno schaute sein Gegenüber scharf an, überlegte eine Weile und sagte dann: „Unter dem transzendentalen Seinsvorbehalt müsste eigentlich die Eintracht den Sieg davontragen, da aber das Derby aus dem Kontingenten sich speist, können auch die Kickers vom Mantel der Pokalgeschichte durchaus gestreift werden. Für die Eintracht spricht hinwiederum, dass die Eule der Minerva erst in der Dämmerung ihren Flug ..."

„Äh, darf ich Sie mal kurz unterbrechen?"

„Sie haben mich bereits unterbrochen, junger Freund."

Der Kameramann setzte die Kamera ab.

„Sind Sie nicht Adorno?", fragte er.

„Sie sind doch Adorno!", sagte der mit dem Mikrofon.

„So ist es", gab der derart Angesprochene würdevoll zurück.

„Na dann", sagte der Reporter und zum Kameramann gewandt: „Komm, Leo, hier ist nix zu holen."

Man erzählt sich, dass Adorno tags darauf am Wasserhäuschen in der Bockenheimer Warte beim Kauf eines „Kickers" gesehen wurde.

114 KAPITEL 3

Mach nicht so ein Theater, Theodor

Als Adorno einmal an einem Porno saß, geschah es, dass er von einer plötzlichen Schreibhemmung befallen wurde. Drei Stunden lang brütete er vor seinem Manuskript, das Tintenfass vor sich, die Feder in der Hand und wartete auf einen Einfall. Aber es geschah nichts. Die Muse ließ sich nicht blicken, geschweige denn, dass sie ihn geküsst hätte. Da erinnerte er sich daran, dass es bei den „Minima Moralia" schon einmal so gewesen war und dass ihm damals Margarete, seine handfeste Geliebte, weitergeholfen hatte. Also ließ er die Feder sinken, setzte seinen Hut auf und machte sich auf, um Margarete zu besuchen, die in der Friesengasse ein kleines, aber feines Privat-Bordell betrieb.

Als sie danach nebeneinander im Bett lagen, klagte Adorno ihr sein Leid. Er schreibe gerade an den „Prolegomena zu einer Pornographie der Ästhetik".

„Was ist denn das?", fragte Margarete.

„Ja ... ähm, also ...", stammelte Adorno.

„Ist es was Unanständiges?"

„Ja ... nein ... nicht direkt ..."

Adorno setzte, wie es seine Art war, zu einer ebenso weitläufigen wie wortreichen Erklärung an, die in der schlichten Feststellung gipfelte, er stecke an einer Stelle fest und komme nicht weiter.

„Ich kann das einfach nicht in Worte gießen ... Ich bekomme das nicht unter eine Decke, das Schöne und das Unanständige."

Sprach's und barg schluchzend sein Gesicht an Margaretes weitläufigem Busen.

„Mach nicht so ein Theater, Theodor!", sagte Margarete und strich ihm liebevoll über das kahle Haupt. „Schreib lieber mal was Anständiges!"

Daraufhin schlug sich Adorno mit der flachen Hand vor die Stirn, sprang aus dem Bett, ließ die verdutzte Margarete rechts liegen, lief nach Hause, warf das Manuskript in den Papierkorb und schrieb in zwei Wochen seine berühmte „Ästhetik".

BOCKENHEIMER BEOBACHTUNGEN

Ulla Krenz

Eine 88-jährige Bockenheimerin erinnert sich

bestimmt sind es schon 30 jahre her, seit ich fast täglich auf die leipziger zum einkaufen ging. vorwiegend in tante emma läden für frisches gemüse und obst, eier, fleisch, geflügel oder fisch. oft hat mein mann mich begleitet. einmal stand vor dem woolworth ein mann mit einem esel und einer sammelbüchse. er bat um geld für futter von zirkustieren im winterquatier. als wir etwas in seine büchse werfen wollten, fragte er meinen mann, ob er den esel halten und die büchse, denn der schlüsseldienst mache gleich zu und er müsste noch schnell etwas abholen.

der anblick war köstlich. wie mein mann otto, älterer herr mit brille, hut und mantel, den esel hielt und frohgemut die büchse klappern ließ. als der zirkusmann zurückkam, verkündete mein mann voller stolz, dass in der zwischenzeit freundliche passanten 3 mark in die sammelbüchse geworfen hatten.

(Anmerkung: Die Autorin verzichtet bewusst auf Groß- und Kleinschreibung, sie sei 88 Jahre alt und tippe nur mit einem Finger)

Torsten Gaitzsch

Wo die wilden Zäune wohnen

Ich kam aus einem Kurzurlaub zurück, und da standen sie: Absperrzäune. Elf Stück jener Kunststoffabsperrungen, mit denen man Schutthaufen, offene Gehwege oder abgestürzte Raumschiffe einzugrenzen pflegt. Allein, die Zäune, welche, nebst „Recyclingfüßen Typ C" und gelb blinkenden LED-Strahlern, in der Sackgasse, in der mein Wohnhaus steht, aufgebaut waren, grenzten überhaupt nichts ein außer unberührten Asphalt von der Fläche dreier potentieller Pkw-Parkplätze. „Offenbar sind hier gerade Baumaßnahmen abgeschlossen worden", dachte ich, „sicher werden diese Zäune bald entfernt."

Oh, wie ich irrte.

Tag um Tag verging. *Blink, blink, blink* machte die Zaunilluminations-Installation. „Vielleicht *beginnen* die Baumaßnahmen erst noch", überlegte ich, „womöglich sogar in absehbarer Zeit. Klar, man hat die Zäune schon mal hingestellt, um uns schrittweise auf das Kommende vorzubereiten." Doch ich irrte nach wie vor. Die Anwohner indes parkten brav in weit entlegenen, bis ins Messegelände hineinreichende Straßen und schienen von der Bezäunung weder in ihren ästhetischen Gefühlen noch in ihren Ruhebedürfnissen (*blink, blink, blink*) gestört zu sein. Denn wie der Ottonormal-Frankfurter lassen die Bockenheimerinnen und Bockenhei-

118 KAPITEL 4

mer jede Schikane klaglos und unbeeindruckt über sich ergehen – eigentlich eine grundsympathische Einstellung, die den Bewohnern von Wutbürgerzentren wie Stuttgart oder meiner Heimatstadt Dresden gut zu Gesicht stehen würde. In Bockenheim könnte die Mafia vor jedem Wohnblock einen Wassergraben ausheben und von einem Zugbrückentroll Maut kassieren lassen – dem Bockenheimer wär's recht, solange der Weg zum Wochenmarkt nicht umgelegt wird und der Troll keinen unnötigen Smalltalk halten will.

Irgendwann wurde es mir doch zu bunt. „Auch wenn's niemand zugeben mag: Die Zäune nerven uns doch alle", sagte ich mir. „Ist es also an mir, mich zum Retter unserer kleinen Sackgasse aufzuschwingen!" Ich rief beim Straßenverkehrsamt an und schilderte das Problem. „Da sind Sie hier ganz falsch!", lachte es mir am anderen Ende entgegen. „Wählen Sie die 115 und lassen Sie sich vom Zentralen Bürgeramt weiterverbinden!" Gehört, getan. Das Zentrale Bürgeramt verwies mich an ein gewisses „Amt für Straßenbau und Erschließung". Nach drei weiteren Anrufen hatte ich auch schon die für „meinen" Baubezirk zuständige Sachbearbeiterin am Apparat. Eine schnelle Recherche ergab: Während meines Kurzurlaubs hatte an dem betroffenen Areal tatsächlich ein Kran gestanden. Dieser war nun weg, doch das verantwortliche Unternehmen hatte den Platz für ihre gottverdammten Zäune vorsorglich bis zum Ende des übernächsten Monats gemietet. „Wenn die Absperrungen dann aber noch dastehen, geben Sie mir Bescheid!", sagte die freundliche Stadtangestellte.

Die Frist war um, und die Zäune: standen immer noch da. Nach einem abermaligen Telefonat wusste ich, dass der Vertrag für die Absperrmaßnahmen verlängert worden war! Vermutlich musste die Schweinefirma zum Jahresende hin noch ein paar Ausgaben generieren und hatte aus purer Boshaftigkeit in die wochenlange Parkplatzwegnahme investiert.

Später. Viel später. Unerschütterlich halten die Zäune Wache. Wehmütig sehe ich mir auf Google Earth an, wie unsere kleine Bockenheimer Sackgasse ohne sie ausgesehen hatte. Lang ist's her. „Die Zäune? Die standen schon immer hier", werden unsere Nachfahren einst erzählen. „Und dieses Halteverbotsschild, das ist noch ein ganz altes, die werden heute gar nicht mehr hergestellt!" Ob ich noch einmal das Amt für Straßenbau und Erschließung kontaktieren soll? Ach was. Ich möchte schließlich nicht als verbitterter, magistratsbekannter Querulant enden. Außerdem ist mir die Angelegenheit inzwischen egal: Weder habe ich ein Auto noch scheinen die LED-Strahler in mein Schlafzimmer.

Frauke Haß

Der graue Mann

Meine Straße ist eine Sackgasse. Eine kurze Sackgasse, auf deren vielleicht 200 Metern Strecke die St. Jakobskirche zur Linken und die Notaufnahme des Elisabethen-Krankenhauses zur Rechten liegt. Es passiert nicht viel in diesem Teil der Grempstraße, von der die wenigsten Frankfurter wissen, dass sie sich nach dem Kirchplatz nördlich noch ein Stückchen weiter fortsetzt. Grempstraße? Das ist für alle Nicht-Bockenheimer eben die Straße mit dem Café Diesseits und dem Stattcafé. Krankenhaus und Kirche haben die wenigsten auf der Rechnung; mein Haus schon gar nicht. Warum auch?

Manchmal sitze ich an einem lauen Morgen mit einer Tasse Kaffee auf dem Laubengang und schaue den Parkplatzsuchern beim Parkplatzsuchen zu, den Kindern beim Aufbruch in die Schule, den Erwachsenen beim hastigen Weg zur Arbeit.

Sonst geschieht nicht viel. Zuweilen liefert mal ein gemütlicher Krankentransporter eine erkrankte alte Frau, eilige Rettungswagen suchen die Notaufnahme eher am Wochenende auf – Unfälle auf trunkenen Festen mögen die Ursache dafür sein. Auch die Kirche bietet naturgemäß am Sonntagmorgen mehr Unterhaltungswert als unter der Woche. Aber das macht nichts. Parkplatzsuchern beim Parkplatzsuchen zuzuschauen, ist am frühen Morgen beruhigend.

Markt an der Warte (bitte nicht weitersagen: Die Warte steht tatsächlich schon im Westend!)

Bockenheimer Hinterhofperspektive –
da gibt es einiges zu entdecken

Seit ein paar Wochen habe ich dabei Gesellschaft. Zwei Stockwerke unter mir sitzt jeden Morgen ein grauer Mann in einem alten blauen Bademantel in seinem Rollstuhl und raucht. Und schaut – wie ich – den Parkplatzsuchern zu. Seit ein paar Tagen nicken wir uns ohne zu lächeln zu. Wir wissen voneinander und der gemeinsamen Passion. Mehr nicht. Der Mann ist grau. Nicht nur wegen seines Haars, das ihm strubbelig und lang in die Augen fällt – auch wegen seines unrasierten Gesichts, das sich in der Farbe kaum von Haar und Barthaar unterscheidet. Der Mann – um es unverblümt zu sagen – sieht nicht nur aus wie ein alternder Rockstar, er sieht aus wie ein sterbender Rockstar.

Dass er sein Leben gelebt hat, sieht man ihm an. Ob es glücklich war? Traurig sieht er aus in seinem schäbigen Bademantel, neben der Einfahrt zum Krankenhaushof mit dem Rollstuhl an eine unverputzte Mauer gelehnt. Einsam wirkt er und ohne Freude. Nicht mal beim Rauchen hat er Gesellschaft, wo doch die geselligsten Menschen die Raucher sind und nur ein paar Meter weiter Richtung Kirchplatz das Krankenhauspersonal regelmäßig rauchend die Pausen verklönt.

Vielleicht hält der Mann sich ja bewusst fern, lässt sein wildes Rockstarleben noch einmal Revue passieren, beschaut seine Entscheidungen, bedauert die falschen, begrüßt die guten – während die Parkplatzsucher im doppelten Wendehammer ihre Autos drehen. Hat er denn keine Freunde, die ihn besuchen? Die seinen Rollstuhl im nahen Park herumschieben, ihm Musik vorbeibringen könnten? Einsam und freudlos wirkt der graue Mann. Aber vielleicht ist er ja auch einfach nur ein Morgenmuffel und krank obendrein, sonst wäre er ja nicht im Krankenhaus.

Seit vorgestern ist der graue Mann nun morgens nicht mehr da. Ist er den letzten Weg sterbender Rockstars gegangen? Ist er zu schwach, um seinen Rollstuhl aus dem Krankenhaus hinaus zu bugsieren? Hat er kein Geld mehr für Zigaretten? Oder hat ihn das Krankenhaus einfach nur „gesund" entlassen? Das sind Gedanken, die ich habe, wenn ich nun wieder allein morgens den Parkplatzsuchern beim Parkplatzsuchen zuschaue – in dem kurzen Stück der Grempstraße, das kaum jemand kennt. Jedenfalls nicht als Grempstraße.

Dominique Petre

Gott wohnt in Bockenheim (eine wahre Geschichte)

Einige Monate nach unserem Umzug von Hamburg nach Frankfurt platzte es aus unserem Jüngsten beim Mittagsessen heraus: *„Gott wohnt in Bockenheim!"*.

Den vier anderen Familienmitgliedern blieben die Spucke weg und die Spaghetti im Halse stecken. *„Wie bitte? Wer wohnt in Bockenheim?"*. Unser damals dreijähriger Sohn wiederholte mit unerschütterlicher Selbstsicherheit: „Gott wohnt in Bockenheim". Und fügte hinzu: *„Ich habe ihn gesehen"*.

Zugegeben, unser Viertel war vornehm und bestimmt Wohnsitz wichtiger Leute. Aber Gott? Die Präsenz eines solchen Nachbarn hätte wiederum die Höhe der Miete erklären können. Und hatte Gotts eigener Sohn nicht behauptet, dass Kindermund die Wahrheit spricht? Ganz überzeugt waren wir Skeptiker trotzdem nicht.

Unser Sohn hatte schon mal behauptet, die Tochter von Carla Bruni würde in seine Kita gehen (immerhin besuchte er den Kindergarten der Französischen Schule, also so weit hergeholt war es auch nicht). Aber und mit allem Respekt, selbst die Tochter eines singenden Models und eines französischen Präsidenten ist im Vergleich zu Gott nur B-Prominenz.

Wir versuchten, mehr Informationen aus dem Bub herauszubekommen: Woran hatte er Gott erkannt? Trug ER einen Heiligenschein über dem Kopf? War ER über eine Riesenpfütze gelaufen? *„Nein"*, antwortete der rothaarige Bursche gelassen: *„Gott ging neben dem Spielplatz mit seinem Hund spazieren."* Es wurde immer besser. Gott besaß also einen Hund? Ein Geschenk von Noah vielleicht? Und: Hatte der Schöpfer um Gottes willen wirklich nichts Besseres zu tun, als auf der Zeppelinallee mit seinem Vierbeiner an der Leine herum zu streifen?

Das Rätsel löste sich einige Tagen später, als wir in der Nähe des Spielplatzes dem Mann begegneten, den unser Sohn selbstverständlich für Gott gehalten hat: Es war der nette Betreuer vom Kindergottesdienst, der mit seinem Hund Gassi ging.

Trotzdem: Ob Gott in Bockenheim wohnt, bleibt jedem überlassen.

Sat-Antennen, Feuertreppen, Altbauten – auch das ist Bockenheim

Architektonische Vielseitigkeit in unmittelbarer Nachbarschaft

Manfred Hofacker

Als die Straßenbahnen noch durch die Leipziger Straße fuhren

Aus der Erinnerung eines Bockenheimers, Jahrgang 1937.

Von der Bockenheimer Warte kommend fuhr die Tram durch die Gremp-straße, meist mit einem Anhänger, über den Kirchplatz via alte Breiten-bachbrücke nach Westhausen (Linie 2) oder Rödelheim (Linie 3).

Neben der Breitenbachbrücke, rechts unten, stand damals noch der Oktagon-Pavillon, der sich heute im Grüneburgpark befindet.

Obwohl die Leipziger Straße schon damals sehr belebt war, kam es zu keinen nennenswerten Zwischenfällen.

Neben dem Fahrer wurden die Bahnen pro Wagen von je einem Schaffner, der den Fahrpreis kassierte, begleitet.

Viele Gebäude und Straßen findet man heute nicht mehr an der gewohnten Stelle. Zum Beispiel das St. Elisabethen-Krankenhaus, das ursprünglich in der Ederstraße nun in der Ginnheimer Straße liegt. Das Markus-Krankenhaus zog von der Falkstraße in die Wilhelm-Epstein-Straße. Die nördliche Philip Reis-Straße wurde umbenannt in Galvani Straße.

Vom großen Bockenheimer Straßenbahn-Depot, mit vielen Bauten und riesigen Gleisanlagen, steht nur noch das „Bockenheimer Depot", ein Gebäude das durch viele kulturelle Veranstaltungen bekannt wurde.

Durch den Bau der U-Bahn Linien U6 und U7 wurden fast alle oberirdigen Gleisanlagen in Bockenheim zurückgebaut. Nur die neue Straßenbahn der Linie 16, aus Ginnheim kommend, fährt über die Bockenheimer Warte weiter zur Stadt-grenze Offenbach.

Die Gegend vom Westbahnhof bis zum heutigen Katharinen-Kreisel wurde geprägt von der Fabrik für Druckluftwerkzeuge Pokorny, dem Gaswerk mit seinen riesigen Gasbehältern (Tanks), der Schuhmaschinen-Fabrik Mönus und der Bo-ckenheimer Eisengießerei. Die Gießerei bot bei Dunkelheit, mit einem Feuerzauber aus den Auslass-Schornsteinen, ein beeindruckendes Schauspiel.

Gisela Becker

Auf der vergeblichen Suche nach
dem Seniorenfitnessparcours in der Zeppelinallee

Ich bin an einem Januartag des Jahres 2015 auf der Suche nach dem Parcours in der Zeppelinallee unterwegs und will ihn ausprobieren. In der Zeppelinallee wurde vor einiger Zeit ein Parcours angekündigt. Statt im Grüneburgpark. Weshalb nicht da und dort, also zwei, frage ich mich. Denn ein Parcours soll für alternde Menschen gut erreichbar sein.

Alte Menschen, die sich im Freien fit halten wollen, gibt es in Bockenheim viele. Sie bewegen sich hauptsächlich im Bereich der Geschäftszone Leipziger Straße, wurde bei der Altersstudie, die in Bockenheim (sowie in Goldstein und der Nordweststadt) von 2010 bis 2012 vom Altersforscher Frank Oswald und MitarbeiterInnen durchgeführt wurde, herausgefunden. Zum Westend wurde nicht geforscht. Also sagten die Grünen im Ortsbeirat, der Grüneburgpark brauche keinen Seniorenfitnessparcours. So simpel ist das.

Entlang der Leipziger liegt keine geeignete Grünfläche für einen Parcours mit rund 12 Geräten. So wurde letztendlich einer in der Zeppelinallee vorgeschlagen. Doch wo dort genau? Und würde dort überhaupt die sozial gemischte Alters- und Zielgruppe erreicht?

Die Zeppelinallee ist von der dichten Bebauung Bockenheim-Süd zu Fuß etwas weit entfernt. Die Zeppelinallee liegt nicht auf Alltagswegen der Bevölkerung. Dort ist ein Villenviertel mit großen Gärten für Leute mit viel Geld. Es ist ein Hundeparadies.

Ich komme am Kinderspielplatz entlang. Kürzlich war am Linken-Stammtisch davon die Rede. Einer sagte: „Der ist vom Feinsten." Bei meinem Spaziergang sehe ich: Dort ist ein Wasserspielplatz. Die gesamte Spielfläche ist sehr ausgedehnt mit großen Sandflächen. Es gibt viele Geräte, die alle in Ordnung sind. Der Spielplatz ist ringsum von einem sicheren Drahtzaun umgeben. Um die Hunde und ihre BesitzerInnen abzuwehren. Der Hundekot liegt direkt außen neben dem einen Tor. Scheiße.

Ich laufe die Zeppelinallee von der Miquelallee im Osten bis zur Margarete- und Fritz-Kahl-Anlage im Westen und finde den Parcours nicht. Frage unterwegs eine junge Frau mit Baby im Kinderwagen: „Hier soll es einen Fitness-Parcours geben. Kennen Sie den?" Sie überlegt und meint: „Ich gehe hier oft spazieren. Ich kenne keinen Parcours. Vielleicht liegt er versteckt?"

Auf der Rollschuhbahn trimmen sich paar Jungs mit dem Rad. Daneben werfen vier Männer 60plus die Boule-Kugeln. Boule-Spielen kommt nicht so häufig vor in Frankfurt. Am hübschen, denkmalgeschützten Wasserhäuschen dort wird auf Kundschaft gewartet. Die Straßenbahnlinie 16 befährt in dichtem Takt die Franz-Rücker-Allee, die die Zeppelinallee kreuzt.

Vorbei an der Frauenfriedenskirche spaziere ich bis ans Ende der Allee, die dort Margarete- und Fritz-Kahl-Anlage heißt. Das Arztehepaar hatte während der Nazizeit vielen Verfolgten geholfen.

Ich entdecke ein gepflegtes Rosenbeet, zwei unbewachsene Pergolas, die stark bemoosten Bänke, die alte rote Sandsteinmauer, die Treppen, die abwärts zur Ginnheimer Straße führen, bemerke die Graffitis an der hohen Mauer, dabei ein frisches rotes Hammer-und-Sichel-Symbol. Nanu, was hat es damit hier und jetzt auf sich?

Die asphaltierten Kreuzungen in Bockenheim-Nord sind so ausgedehnt, dass ich mir dort visionär auf den größten Flächen Wohnhochhäuser vorstellen könnte, die auf der Straßenebene Torbögen zum Durchqueren haben. Luxuswohnen im Wohnhochhaus Bockenheim-Nord würde dem Trend der Stadtverdichtung folgen.

Durch diese architektonische Gestaltung würde Abwertung oder Aufwertung des Villenviertels erfolgen. Je nach spekulativem Einsatz des Kapitals. Die Reichen würden spüren, wie sich für sie selbst verdichtetes Bauen einerseits für das soziale Milieu und andererseits für das Klima und die Optik auswirken würden. So meine spazierengehenden Gedanken.

Auf dem gesamten Rückweg bis ins Westend, wo ich wohne, schaue ich nach dem Baumbestand. Es sind viele Platanen. An zwei erhöhten Stellen sind sie im Kreis gepflanzt. Rund um die Rollschuhbahn sind sie flach geschnitten. Einige haben im Stamm Höhlen als Herberge für Tiere. In Privatgärten an der Allee sind auch alte prächtige Bäume, darunter Pyramideneichen. Dichtes Eibengehölz ist auf einer Fläche westlich des Spielplatzes angeordnet, ideal als Vogelverstecke. Auf Höhe der Hausnummer xxx fällt mir ein imposanter, dicker Baum auf. Jetzt im Winter ohne Laub wirkt er mit Stamm und Ästen filigran wie ein riesiger Scherenschnitt. Es ist eine Stiel-Eiche, Quercus robur, Nr. 507, 1910 gepflanzt. Die Daten entnehme ich dem öffentlichen Frankfurter Online-Baumkataster, das seit Juni 2014 zugänglich ist. Dieser über 100jährige Baum ist „mein Baum des Tages". Der Baum hat mir an dem Tag besonders gut gefallen.

Bis ins Westend zur Wohnung am Reuterweg laufe ich noch zwanzig Minuten. Dabei führt mein Spazierweg durch den Grüneburgpark, in dem ich mir einen wohnortnäheren Seniorenfitnessparcours aus den jetzigen Sanierungsmitteln von 4,2 Millionen Euro für den Park wünsche.

Das „Wasserhäuschen" – Treffpunkt in der Franz-Rücker-Allee

Der ehemalige Kaufhof –
heute Shopping-Outlet

Angelika Angermeier

Die späten Tage

Prolog

Ein Schmetterling kann nicht dressiert werden. Nicht im Gelände der Buga und auch nicht in der 14. Etage des Porsche Design-Towers in einem Eames Chair liegend. In der Großen Seestraße fliegt der Schmetterling los. Sein Start ist Bockenheim Süd, er flattert die Mühlgasse runter und weiter in die Schlossstraße, dann Richtung Westbahnhof. An den Gleisen entlang geht es in Richtung der Bahnunterführung, die Voltastraße hinunter. Als die Straßenbahn Nr. 17 kommt, fliegt er über sie hinweg, in Gedanken an das Radisson Hotel, aber dann biegt er links in die Galvanistraße ein. Für einen kurzen Moment hält er inne und bewegt sich weiter auf die Theodor-Heuss-Allee zu. Störche sammeln sich über der Messe. Lärmend. Welchen Linien folgen sie? Höhenmesser erfassen den statischen Luftdruck. Störche fliegen ohne Höhenmesser, immer im Blickpunkt der Sonne. Prostituierte bieten wohlwollend vor der Finanz Informatik GmbH & Co. KG ihre Dienste an, noch nicht wissend, ob sie später Gleitgel, Kleenextuch und blaue Kondome benutzt haben werden. Bernadette, die mit der blonden Perücke und dem Jeansrock, entdeckt den Schmetterling als Erste. Lachend blickt sie ihm hinterher. Mit Stuhl und Thermoskanne und rot blinkendem Herz am BH. Wovon träumen Prostituierte? Und wovon Schmetterlinge?

Die späten Tage

7.00 Uhr. Aufstehen, Duschen, Kaffee, Paps anrufen. Ich hoffe, dass mein Vater Dietmar Olivia nicht wieder im Biegwald umherläuft, wenn ich ihn abholen will. Weil er dort Holz und Eicheln für den Kamin sammeln möchte. Noch schnell zuvor die Kostenschätzung für den Bau des Porsche-Turms im Europaviertel überarbeiten und dann muss ich schon wieder los. Es bereitet mir mächtig Stress, dass einige Anwohner im Gallus gegen den Neubau Unterschriften gesammelt haben, um die Bebauung außer Kraft zu setzen. Insgesamt sind für den Tower rund 200 Eigentumswohnungen geplant. D.h. wir haben für die Realisierung einen engen Zeitplan, 2018 soll der Bau mit vollmöblierten Designsuiten in den unteren Geschossen, normalen Ein- bis Fünf-Zimmer-Wohnungen, Penthäusern und Maisonette-Wohnungen in den restlichen Geschossen fertiggestellt sein. Hoffentlich findet nicht noch irgendjemand eine seltene Krötenart auf dem Gelände.Rödelheim. Dietmar Olivia. *Ich öffne die Badezimmertür.*

Ich betrete den Raum und schließe ab. Ich lege mich auf den Boden. Ich schließe die Augen. Manchmal möchte ich wieder Kind sein. Handtücher werden mit der Zeit steif vom Kalk. Das soll nicht heißen, dass das Wort Kalk grundsätzlich negativ behaftet ist. Nur verbindet man in dem vorliegenden Fall Kalk mit einem bestimmten Härtegrad. Und dieses Wort Härtegrad? Ist es frei von einem negativen Image? Mit dem Wort Flüchtling verhält sich das ähnlich wie mit dem Kalk, aber nicht gleich. Auch hier existieren unterschiedliche Härtegrade. Politischer Flüchtling, Wirtschaftsflüchtling, Kriegsflüchtling. Aber der Härtegrad eines Flüchtlings lässt sich chemisch nicht verändern.

Als ich meinen Vater anrufe, klingelt es eine Weile, er geht nicht dran. Ich kann ja nicht wissen, dass mein Vater auf dem Boden im Badezimmer liegend philosophiert.

„Paps, bist du da?", rufe ich ins Handy.

„Dietmar Olivia, grüß Gott", antwortet mein Vater endlich ins Telefon. Zum Glück, er ist noch zu Hause.

„Okay Paps, ich hole dich dann um Viertel vor neun mit dem Wagen ab. Nimm bitte die Unterlagen vom Hausarzt und deine Krankenkassenkarte mit! Und bitte, bleib zu Hause, bis ich da bin!"

Hektik. Ich nehme die dunkelblau gestreifte Krawatte, sie ist schlicht und sieht vertrauenserweckend aus, zusammen mit dem blauen Anzug perfekt für den heutigen Tag.

7.30 Uhr, Messe. Die Straßen sind wie Küchenabflussrohre. Alles Mögliche hängt in ihnen fest. Ich auch. Ich hasse es, wenn ich zu spät ins Büro komme. Aber ich werde zu spät ins Büro kommen. Anscheinend besteht der Verkehr heute nur aus Lastwagen, Fahrschulen und parkenden Müllautos. Oh Mann!

7.49 Uhr. „Können Sie nicht mal weiterfahren, ich hab's eilig!", rufe ich freundlich und bestimmt aus dem Wagen den Müllmännern zu.

„Sir, das sagen alle, aber ihren stinkenden Müll wollen sie trotzdem regelmäßig entsorgt haben. Sir. Also Sir. Gedulden Sie sich bitte ein wenig. Ja Sir? Wir sind gleich fertig, Sir."

„Ich pfeif auf Ihren Sir. Los, mach Platz!", sage ich und denke: Ich muss ins Büro, dann zu Paps nach Rödelheim, dann in die Arztpraxis. Um 19.30 Uhr beginnt die Ortsbeiratssitzung. Ich hoffe, das Bürgerforum wird nicht so lange das Für und Wider des Porsche-Towers diskutieren und am Ende die Unterschriftenliste zurückziehen und die Bauarbeiten nicht weiter verzögern. Was für ein Tag!

8.17 Uhr. Es war klar. Ich bin viel zu spät im Büro. Computer hochfahren. Okay. Dreiundsechzig Mails. Nur sieben sind wichtig. Eine muss ich sofort beantworten.

Ich rufe meine Sekretärin an.

„Hat jemand für mich angerufen?"

„Nein."

„Nein? Danke."

Kurz darauf. 8.46 Uhr.

„Amanda Jordan am Telefon. Herr Professor Olivia, er möchte Sie dringend sprechen."

„Nicht jetzt."

„Herr Jordan sagt, er hätte Ihnen etwas sehr Wichtiges mitzuteilen. Wegen der Ortsbeiratssitzung heute Abend."

„Stellen Sie ihn bitte durch."

„Amanda, mein Lieber, wie geht es dir? Habe seit unserer Weinverkostung nichts mehr von dir gehört." Meine Empathie in diesem Augenblick ist echt. Ich mag Amanda. Auch wenn er sich als Erster die 5000-Euro-Uhr kaufen konnte. Wir waren zusammen im Internat in St. Gallen. Er um BWL zu studieren, ich um Architektur zu studieren.

„Kein Wunder, Willgis. Meine Frau und ich waren erst kürzlich auf Hawaii und anschließend sind wir weiter in die USA geflogen. Ich hatte doch einen Lehrauftrag. Hast du das schon vergessen?"

„Ach ja. Stimmt."

„Und bei dir?"

„Ja, alles im grünen Bereich. Nur die Präsentation heute Abend vor dem Ortsbeirat bereitet mir ernsthafte Sorgen. Wenn das Bürgerforum Ärger macht und es zu einer weiteren Bauverzögerung oder sogar einem Baustopp kommen sollte, wäre das ein Desaster für den Bauzeitenplan unseres Porsche-Turms, Amanda."

„Nein, Willgis. Genau deswegen rufe ich an. Wir haben alles für dich geregelt. Das Bürgerforum hat seine Unterschriftenliste zurückgezogen. Wir haben dem Forum mit der Schließung der Stadtteilbibliothek in Bockenheim gedroht. Wir konnten glücklicherweise Mängel beim Brandschutz finden und könnten dem Gebäude auch die Betriebserlaubnis entziehen. Zum Glück kennt das Bürgerforum die Umstände zum Bestandsschutz nicht. Sie befürchteten ernsthaft die Schließung, zeigten sofort Entgegenkommen und haben die Beschwerdeliste kommentarlos zurückgezogen. Also alles gut, du brauchst dir keine Sorgen mehr zu machen."

„Danke, Amanda. Auf dich ist immer Verlass. Großartig."

„Nicht der Rede wert. Ich habe es gerne für dich getan Willgis. Grüß mir deine Frau!"

„Danke, mache ich Amanda und hoffentlich bis bald. Tschüss."

„Servus Willgis."

Ich sage meiner Sekretärin Bescheid, dass ich mit meinem Vater gleich noch zum Arzt muss. Was ich nicht weiß, ist, dass mein Vater derweilen unentschlossen im Hausflur steht und überlegt, ‚auf Tour‘ zu gehen. *Bis Willgis kommt, gehe ich noch kurz in den Biegwald. Auf einem umgefallenen Baumstamm nehme ich Platz und beobachte die Halsbandsittiche. Ich sammle Eicheln und schiebe mir eine nach der anderen in den Mund. Bis die Flieger kommen ...* Bislang läuft fast alles nach Plan. Ich bin noch im Zeitfenster. Bevor ich in die Straße einbiege, in der mein Vater wohnt, rufe ich ihn nochmals an.

„Hallo Paps, ich bin gleich da. Du kannst rauskommen“, rufe ich ins Handy. Aber er antwortet nicht. Ich hatte es befürchtet. Als ich die Einfahrt hinunterfahre, sehe ich ihn bereits an der Garage vorbeilaufen.

„Paps, ich bin hier“, rufe ich meinem Vater aus dem Fenster gelehnt zu, parke den Wagen vor der Garage, steige aus und helfe ihm beim Einsteigen.

„Ich glaube, dass wir es noch einigermaßen pünktlich bis zehn Uhr dreißig schaffen werden“, sage ich zu ihm. Von Rödelheim aus fahren wir sofort los nach Bockenheim. Ein Freund von mir hat in der Mühlgasse eine internistische Privatpraxis. Mein Vater war vor einer Woche dort zu ausführlichen Untersuchungen. Wir fahren bereits über die Breitenbachbrücke und stehen an der Ampel gegenüber dem Laden von Zweirad Sondergeld, als etwas Unerwartetes geschieht.

9.49 Uhr. „Halt, Paps, wir sind noch nicht da. Du kannst hier nicht aussteigen. Nein, bitte. Wir stehen mitten auf der Schlossstraße“, rufe ich meinem Vater entsetzt zu, der einfach die Beifahrertür öffnet und aussteigen will.

9.59 Uhr. Es hilft alles nichts. Mein Vater zeigt sich unbeirrt und steigt einfach aus. Ich schalte schnell noch den Warnblinker ein und renne ums Auto, mit laufendem Motor. Er geht auf die Schienen zu, ich eile zu meinem Vater und bringe ihn zum Wagen zurück. Der ein oder andere Autofahrer fährt laut hupend und kopfschüttelnd an uns vorbei. Die Arztpraxis meines Freundes liegt im oberen Teil der Mühlgasse. Wir biegen in die Ginnheimer Landstraße ab und parken nach ein paar Runden endlich in der Marburger Straße. Von dort aus laufen wir direkt rüber in die Mühlgasse. Vor der Praxis angekommen rede ich mit meinem Vater über den bevorstehenden Arztbesuch.

10.24 Uhr. „Paps. Der Internist untersucht dich heute nicht mehr. Es geht nur noch um das Diagnosegespräch. Wir führen es zu dritt.“ Ich hoffe, dass sich mein Vater daran erinnert.

10.27 Uhr. „Willgis, ich fühle mich gut, bis auf die Schmerzen im linken Knie. Und Willgis, ich denke, dein Internist hat auch nichts anderes als die Arthrose in meinem

Knie festgestellt. Die Therapiemaßnahmen kann ich wirklich auch alleine mit ihm besprechen."

10.28 Uhr. Ich betrete mit meinem Vater die Arztpraxis.

10.30 Uhr. Endlich. Mein Vater und ich. In einem unbemerkten Augenblick stelle ich mir vor, das ich meinen Kopf auf seine Schulter lege und an seinem Schal rieche. Ein Geruch, immer noch so, wie ich ihn kenne. Ich war ein glückliches Kind.

10.32 Uhr. „Guten Tag Vater und Sohn Olivia", ruft uns die Sprechstundenhilfe entgegen.

„Sie können noch kurz im Wartezimmer Platz nehmen. Der Herr Doktor wird Sie gleich aufrufen."

Mein Vater geht in Richtung der roten Ledercouch vor dem Fenster.

„Ist der Platz hier neben Ihnen frei?", höre ich ihn fragen. Dabei sind wir außer der Frau, die alleine auf der Couch sitzt, die einzigen Patienten im Raum.

„Nein."

„Nein? Warum? Hier sitzt doch niemand?"

„Ich finde schon. Aber, bitte."

Mein Vater lässt sich auf der Couch nieder. Neben ihm sitzt eine Frau in Kleid und Strickmantel. Wir müssen trotz des Termins noch warten.

„Essen Sie gerne Kalbsleber in Salbeibutter?", fragt er die Frau. Ich schätze sie auf Ende 30. Sie zeigt keinerlei Regung und bewegt konzentriert ihre Hände. Mein Vater beobachtet, wie sie mit dem Mittelfinger der linken Hand einer scheinbaren Linie auf ihrem rechten Handrücken folgt.

„Hier ist eigentlich nichts. Können Sie das sehen? Ein Leben lang war ich auf der Suche. Hier endet meine Suche", erzählt sie in den Raum hinein.

„Atmos ist griechisch und heißt unteilbar. Wussten Sie das?", antwortet mein Vater. Er ist Physiker.

Die Frau beachtet meinen Vater nicht weiter und hebt einen kleinen, schwarzen Koffer vom Boden auf. Sie legt ihn auf ihren Schoß und öffnet ihn. Es ist ein Moment, in dem alles zu stimmen scheint.

„Hat Schönheit Heimweh?", sagt mein Vater zu der Frau gewandt. Ich wundere mich weiter und verstehe nichts von dem, was hier geschieht.

Dann nimmt sie eine Klarinette aus dem Koffer. Sie sucht nach einem Rohrblatt, befeuchtet es und drückt es in das Mundstück. Festschrauben. Danach steckt sie die restlichen Teile des Instruments zusammen. Prüfend sieht sie mich und meinen Vater an und setzt die Klarinette an ihren Mund. Sie knickt die Unterlippe in Richtung Zunge und beginnt zu spielen.

„Dietmar und Willgis Olivia, bitte ins Sprechzimmer", tönt es aus dem Lautsprecher im Wartezimmer. Ich stehe auf und warte, dass sich mein Vater ebenfalls erhebt. Aber mein Vater bleibt einfach sitzen.

„Der schönste Moment ist, wenn der erste Ton des Instruments erklingt", sagt mein Vater und blickt zur Decke.

„Hörst du das?"

„Paps, wir wurden eben vom Arzt aufgerufen."

„Willgis, lass mich. Du siehst doch, dass ich beschäftigt bin."

„Paps, wir beide sind jetzt dran", versuche ich meinen Vater zu ermuntern.

„Das stimmt so nicht, Willgis. Ich habe heute keinen Termin. Sprich bitte nicht so laut. Ich will mich auf die Musik konzentrieren", antwortet mein Vater energisch. Ich bin ratlos.

„Das meinst du jetzt nicht so, wie du es eben zu mir gesagt hast, Paps?", frage ich ihn entsetzt. Ich hoffe, dass sich die Situation irgendwie auflöst. Auch ein Erdbeben wäre mir jetzt recht.

„Natürlich", entgegnet er erneut. Ich sehe ein, dass wir hier nicht weiterkommen.

„Die Ortsbeiratssitzung heute Abend. Du weißt schon. Ich habe heute noch richtig viel zu tun."

„Welche Sitzung, Willgis? Du hast mir überhaupt nichts davon erzählt", behauptet mein Vater voller Überzeugung. Es ist, als hätten mich alle Worte auf einmal verlassen.

„Paps, wir können gehen. Wir sind fertig für heute", lenke ich ein.

„Nein, Willgis, wir können nicht gehen", widersetzt sich mein Vater.Ich fühle mich nackt. Das war das Letzte, was ich jetzt gebrauchen konnte, denke ich und weiß nicht mehr weiter. "Warum können wir nicht gehen, Paps?", frage ich ihn höflich. Ich merke, wie schwierig es in der Situation ist, ruhig und freundlich zu bleiben, während ich innerlich in mir zusammenfalle.

„Weil ich noch dem Klarinettenspiel lauschen möchte."

„Paps. Komm, lass uns gehen!"

„Aber Willgis. Ich kann Bernadette nicht hier alleine lassen. Wir sind zusammen gekommen. Wir werden auch zusammen gehen."

Ich glaube nicht mehr, was ich höre.

„Bernadette? Wer in aller Welt ist Bernadette?", frage ich nun schon etwas harscher im Ton.

„Bernadette. Meine Verlobte. Wieso fragst du? Sie spielt wunderschön. Du weißt doch. Im Sommer wollen wir heiraten. Bernadette und ich. Willgis, du hast hoffentlich die Einladung nicht wieder verlegt?"

„Heiraten? Du?"

Ich bin schockiert, aber auch fasziniert, mit welch einer Selbstverständlichkeit mein Vater mir von seiner bevorstehen Hochzeit erzählt.

„Ja, Willgis. Wir haben uns entschlossen, diesen Sommer im Schlosshotel in Kronberg zu heiraten. Es ist wegen Bernadettes Konzert im September in den Arabischen Emiraten. Als unverheiratete Europäerin unter 40 Jahren darf sie nicht in die Emirate einreisen. Also heiraten wir diesen Sommer. Genauer gesagt in sechs Wochen. Wie vergesslich du geworden bist, Willgis. Du erinnerst dich hoffentlich, dass ich auch deine Eltern eingeladen habe?"

„Liebst du Bernadette?", frage ich meinen Vater und meine diese Frage durchaus ernst.

„Ja, natürlich. Wie könnte ich sie sonst heiraten wollen? Ich denke, es ist auch der richtige Zeitpunkt, eine Familie zu gründen."

Wann ist etwas real, frage ich mich? Wenn wir es uns vorstellen oder wenn wir es erleben? Ich weiß es nicht mehr. Und ich frage mich, ob ich oder mein Vater uns Kraft unserer Erinnerungen die Realität wieder zurückerobern können? Dann dreht sich mein Vater plötzlich zu mir und beginnt zu erzählen.

„Willgis, erinnerst du dich? Am komischsten sah ich aus, als mir die beiden oberen Frontzähne fehlten. In die Lücke passte eine Karotte. Ich konnte den Mund schließen und mir vorstellen, dass ich eine Zigarre rauche. Ach weißt du, manchmal, da wünschte ich mir, wir wären Kinder", sagt er zu mir und vermutlich hält er mich jetzt gerade für seinen Bruder.

„Paps, was meinst du, wenn wir drei – du, Bernadette und ich – jetzt gehen? Ich fahre euch gerne zu euch nach Hause."

„Nein, das finde ich keine gute Idee, Willgis", setzt mein Vater an.

„Bitte bring Bernadette und mich ins Café Laumer. Wir haben Lust auf Himbeerkuchen und Frankfurter Kranz und wollen draußen im Garten sitzen", ordnet mein Vater an und legt dabei liebevoll den Arm um die Frau mit der blonden Perücke und dem Jeansrock unterm Kleid.

An diesem Tag umgibt ein stabiles Hoch die Stadt. Regenmangel. Die Waldbrandgefahr steigt. Hessische Bauern fürchten um die Ernte. Schiffe müssen auf dem Main ihre Frachtmengen reduzieren. Niedrigwasser. Und nirgendwo ein Schmetterling in Sicht.

BOCKENHEIM

MEIN

Mein Bockenem

Irmgard Naher-Schmidt

Bockenem unn's Weständ net ze trenne ...
1946 unn denach odder wie isch zum (Frankforderisch)
Schreiwe komme bin

Des Haubtproblem is e besonnere Schreibweis fer dii persönliche Dialekt-schreiwung zu finne, zumal sisch eischendlisch ,ei' zu ,oi' hinzied odder märr gefiilsmäsisch was aussache will wie bei ,lieber' als ,liewer' odder ,liibär'. Auserdem is es wahrschoinlisch nodwennisch, dass aach beim Frankfor-derische uff dii vermudede Keldische Urschbrüng oingange werrn muss ...

Zum Beiischbiil könnde märr e paar Keldische Roar-, Roall-, Rache- unn Zischlaude dorschklinge heern, die aach beim ,Roar' des ,Wedderroar- Gegoarjel' der ,Rungelroarbärrobbmaschin' vorkomme. Jedenfalls habb isch ähnlische Laude schon in Schottland värnomme wie zum Beischbiel ,Edinborroar'.

Isch pärsönlisch habb misch entschiide ze redde wie merr de Schnawwel ge-wachse is ...

Mei Mamma Karola kam zwar aus Räcklinghausn, awwer mein Babba Hans-Heinrisch Schmidt war en eschte Frankforder Bub. Väderlischerseits warn se aus Waldensbärsch unn Westhofen, müdderlischerseits aus Königsbärsch unn Allenstoi, also Zugerasde. Mein Babba warn gelärnde Buchdrugger unn had umgeschult uff Beamdelaufbahn bei de DB. Mei Mamma had erst Haushald gelärnt, awwer späder als Fluchmessgerädebriirferin bei der VDO gearweid unn war dann schpäder widdär Hausfraa. Sie wohnde ,Am Woigadde' bei oinem Verwandde namens Blim im Haus.

Gleisch nachm Kriesch wollde beide Kinner, Friedensengelscher, sozesache. Die mussde mei Schwestär Orsel, mein Bruder Mischa unn isch, nachdem merr im aale Maggus in de Falkstraß geborn warn aach im Kaddolische Kinnergadde im Grämpphaus an de Ginnheimer Straaß unn beim Rode- Kreuz in där Barrack am Schönhof für Fraa Künza schbiele. Die woar die Nachbarin von meiner Oma unn därre irm Mann Jakobb. Där erzählde uns nach soinä Päsioniirung jeden Nachmiddach Märschär, bis merr se auswennisch wussde. Danach fand isch die beese Feen zu schbiele inderessander.

Moin Babba hadde mit soim Kuseng Fillibb-Johannes Scheenmehl unn annern in Määnz-Kasdell die Fassenacht widder ins Lewe geruufe unn dischtete in Mundard aach zu besonnern Aaläss fammilliärer, fassenachdlischer (in der FTG Kannewalsabdeilung) unn kärschlischer Ard bei Kolbing unn dem Chor in de Frauen-Friedenskärsch.

So habb isch des Värsjermache bragdisch schonn im Mudderleib midbekomme unn schbäder beim Trewwesteische unn Zähle, alles uff Frankforderisch. Zum Beischbiel: „ Aans, zwaa , drei, alles is vorbei ...", unn so weider. Manschmal sachde mei Äldern, dass des Värsje ned so gud soi. Isch soll's losse. Druff hab isch ärwiddärd, wenn ich des ned sache dörft, dann wörd ich's singe. Da warn se schbrachlos unn isch hab mei eichen Värsjer unn Melodiin gesunge.

In der Sophienschul 1952 warn märr nur Mädschä unn iwwer 40 in aaner Klass. Mir lärnde des Alphabed unn die Zahle uff Schieferdafele mit Griffel schreiwe unn warn soo brav debei. In de ärst Klass truche mir aach noch Scherzjer. Im Zoischniss schtand: „Sie singt immerzu." Was soll märr dadezu sache?

1956 kam isch in die Falk-Realschul, die mein Ongel Friedel noch in Bockenem (hoidische Frangeschul) besuchd had, in dii Schdaufenstraß im Weständ. Märr hadde dann sär uffgeklärde Lährer von de demmogradisch Sord.

Isch war bei de Sommerschbrosse bei der Friida ohne ‚e'. In Kunsd hadde märr ständisch an Wettbewärwe teilgenomme. Unn märr hamm gewonne, aach in Musigg bei der Fraa Docktär Awel-Schruth im Hässische Rundfunk mit Weihnachtslieder. Dadorsch bin isch zu einer Schulgeisch komme unn die annern zu annere Inschtrumennde. Bei der Nachfolscherin, Fraa Bäntz, hamm märr alle änglische Songs gelärnnt unn sogar Deile där Opär ‚Hänsel unn Grädel' uffgefiird. Mei Lieblingsfach bliib awwer Doitsch bei der Frida ohne ‚e' mid Korzgeschischde aus der Nachkrieschszeid unn lange Gedischde wie ‚Die Glogge' unn dem ‚Osderschbaziergang' von Göde. Die mussde merr auswennisch lärne. Dann hadde mir noch in Sozialkunde den Lährär Härr Bahl, der selwst Kinner- unn Juchendbüscher schrieb unn Breise bekam. In Geschischde wekselde merr von Docktär Rödär zu Docktär Hennrisch, der immer soi lange Budderbrode im Unnerischd verzärde. In Madde hadde merr den Junglährär Fukar. Där ließ die moiste nachsidze, wenn

„Die Obdachlosenzeitung" gibt es auf der Leipziger oder donnerstags auf dem Markt an der Warte

MEIN BOCKENEM 143

Haarscharfe Schnitte – Inhaberin Nitsa Kremmida in ihrem Friseursalon auf der Falkstraße

se ned aggurat soi geomedrisch Zeischnunge uffs Bladd brachde. Misch had der aach ned geschond.

Uff dem Nachhause-Umweesch dorschs Weständ, ham mir nadierlisch ab unn zu Schellekloppe gemacht. Da märr awwer aach erwischt wordde sinn, habb isch manschen Hausbesitzer geschbroche, so aach e älder Fraa in irm Vorgadde. Des war eher schon e Dame. Sie hieß Kaschnitz, eine geborene ‚Von‘. Die habb isch nämlisch gefraacht, wasse denn so blanze duut, denn ich hätt aach e klaa Gärdsche mit wilde Ärdbärn, Tränende Härzjer, Schtiefmüdderscher, Feujerlilje unn Värgissmeininschd. Unn isch hätt noch e Plädzje frei fer ärschendwas. Sie maande, sie sätzde haabtsäschlisch aach Blumme, wie's denn mit Tulbe unn Rösjer wär ... Des gefiil märr. Unn neugierisch wie isch war, dann fraacht isch se, was se sonnst denn so dreiwe duud. Unn sie erwiddärt, sie wörd Geschischde unn Gedischde schreiwe. Da habb isch geandwordd, des wörd ich aach gäärn, awwer vor allem Märschär unn Värsjer. Isch soll's nädd värgesse, hadd se noch gemaand. Des had isch aach ned. Wie isch die Woch druff nach iir gefraacht habb, erfuur isch, dasse krang worn is unn isch se nedd besuche könnd.

Awwer isch dachd ofd an se ...

Unn schbäder bin isch dann aach noch Doitsch-Lährerin in Bockenem worn unn hab die Näschde dorschkorrischiert bis ich kaan Fählär mähr erkänne konnd ‚da kimmt merr uff so philosophische Fraache, besonners nach däre ungerächte Räschtschreibrefom:

„Was is en Fehlär unn was is kaaner?

Odder: Is des iwwerhaubt aaner?

Kinners, Kinners, was fer Zeide!"

Heude muss isch des Geschriwwene verdischde ...

Wie isch dem Mischael Änd im Schtadddeil begeschned binn, is e anner Geschischd ....

Hans Eckert

Alte Bücher für die Uni-Bibliothek

Hallo!? Mein Name is Schmitt, Willi Schmidt. Is dort die Uni-Bibliothek in Bockenem? Die Abteilung fer antitarische Bicher? Ich hab do so ahle Schinke, noch vom Opa. Siwwehunnert Stick. De Opa hat jo viel gelese. Frieher, jetz isser jo dood. Hätte Sie do Intresse an dene Bicher fer Ihr Bicherei?

Ja, was fer Bicher? Bicher halt: Dicke, dinne, kabudde, ganze, alte, neie, bekrizzelde, gebabbde, gelwe, blaue, rote … alle Sorde Bicher!

Was heisst „so komme merr net weider"? Titel? Ja woher soll ich wisse, ob der der des Buch geschriwwe hat en Doktertitel hat? Ach so, wie die Bicher heisse! Saache Se's doch gleich! Do muss ich mol gucke, ich hab' grad leider nur mei Fernbrill uff. Moment emol.

Also ich glaub, do sin e paar Kochbicher dabei. Mehr so Hausmannskost: Schnitzel un Brot. Arthur Schnitzler un Max Brod steht do druff. Dann so Fischbicher: Bismarck und Grabbe. Hering is jo lecker, awwer isch maach jo mehr die Krabbebrötscher vom Fisch Bader in de Leibzischer. John Steinbeck, hört sich jo sehr nach hadde Plätzjer an, vielleicht Haddekuche-Rezebde. Un hier is noch e Margarine-Backbuch von de Utta Sanella.

Bicher iwwer Trinke gibt's aach. Gell, gesoffe werd immer! Rosamunde Pichler un de Ruthard Kippling. Marcel Prost: Auf der Suche nach der verlorenen Brotzeit. Schiller: Kaba un Liebe. Hawwe Sie schon? Naja, vielleicht vom Dosejewski: Die Brieder Karamalz? Esse, trinke, Glicksspiel! Vom Franz Werfel is aach was debei!

Ich glaab de Dosejewski is en Russ, odder? Wie de Tolstoi. Den kenn ich jo von de Klitschkos aus de Milchschnitte-Werbung: Tolstoi: Schwere Kost! Vielleicht wolle Se's trotzdem hawwe? Anna Kareneika oder wie die Tussi heißt. Anna Kareneika mit de Balaleika! Odder die Franzose. Is Ihne schun emol uffgefalle, dass die franzeesische Schriftsteller all wie Käsesorde heiße? Net? Ei, de Comté Mirabell, de Chamfort un de Ceran von Bergerac. Der hat jo aach des Kochfeld uffm Herd erfunne. Beim alde Lui Käs. Ach, des wussde Sie garnet? Wahrscheinlich gibt's aach de Graf Raclette un de Marquis de Fondue. Ich kann Ihne saache: Die franzeesisch Lidderadur is

Bücher, Bücher, Bücher – die Bouquinisten vor der ehemaligen Uni sind Kult

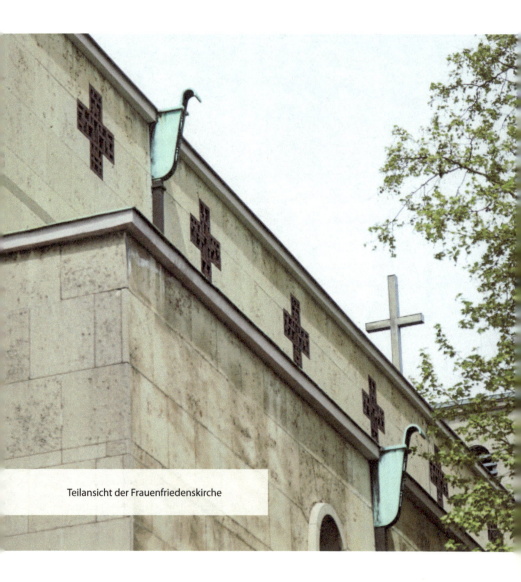

Teilansicht der Frauenfriedenskirche

e einzich Molkerei. Ausserm Honoré de Ballack. Den wern selbst Sie kenne! Ei de Ballack frieher vom Fussball, de Capitano! Ich wusst garnet, dass der Franzos is …

Dann: Was hawwe mer noch? Isch wusst garnet, dass de Opa aach so griene Gardebicher gelese hat. Der Name der Rose von Umberto Öko. Merkwürdich!

Un hier so Selwermach-Bicher. Des war schun eher em Opa sei Metier: Tapeziern un streiche! Gas, Wasser, Heizung. Oswald Spengler! Un hier die ganze Elektriker: Theodor Strom: Viola tricolor! Do muss mer awwer wisse, dass „tri" „drei" heisse dut: Also Erde, Phase, Nullleiter! Ich saach Ihne: Theodor Strom – ein Subber-Elektro-Handbuch! Un de Voltaire, en ganz berihmte Elektriker! Der Tod des Caesar! Is wahrscheinlich mit de nasse Flosse in die Steckdos gekomme, de arm Kerl. Odder hier de Heinrich von Kleister. Der hat jo aach die elektrisch Markies von dem Oos repariert. Markise von Oos, genau der war des. Net zu verwechsele mit dem Zauberer von Otz. Des wusste Sie aach net? Ich muss mich doch langsam wunnern, dass en angeblich so gebildete Bibliotheks-Mann von nix e Ahnung hat!

Awwer hier: des kennt was fer Sie sei: Ich saache nur: Falben! Falben! Noch nie was von gehört? Ei, wo die Tiere spreche könne. Genau! Do hat de Opa „Klassiker" druffgeschriwwe: Homer Simpson: Die Odyssee. Is glaab isch aach verfilmt worn. Ob als Zeichentrickfilm weiss ich jetzt awwer net so genau. Mit'm Brett Pitt? Kann aach sei. Hier hammer noch: De gallische Hund vom Hase Caesar. Steht jedenfalls De Bello Gallico druff. Was? Die ganze Tierbicher hawwe Sie schon? Sie sinn awwer aach wählerisch. Hier noch mehr Klassiker: Heraklit un Plutarch. Blutarsch? Do will ich garnet wisse, was der Kerl geschriwwe hat! Genauso wenich will ich wisse, was des Knaben Wunderhorn is! Ich kann merr garnet vorstelle, dass de Opa so Schweinereie gelese hat …

Hier des kenn isch noch als Kind: Max un Engels vom Wilhelm Busch. De Wilhelm Busch war jo de Vadder vom Bushido. Inzwische wunnert's mich jo net mehr, wie ungebildet Sie sin. Wahrscheinlich kenne Sie aach net des berühmte Werk von Karl May: Das Capitol. Do hat ich emol angefange zu lese, awwer uff de erste fuffzich Seide nicht ein einzicher Indianer … E bissje Unnerhaltung braucht mehr jo aach. Merr will jo aach net immer die hochwissenschaftliche Lidderadur aus Ihrer Bicherei lese. Obwohl ich des könnt!

Was? Do war jetz iwwerhaupt nix fer Sie debei? Do losse Sie mich de Mund fusselich babbele un dann wolle Sie net ein einziches Buch kaufe? Wisse Se was? Ich werd mich beschwern! Des kenne Sie Ihne Ihrm Scheff ausrichte! Uffgeleecht! Unverschämtheit!

Stefan Geyer

Ödland

Ab Beginn der Zehnerjahre fuhr ich regelmäßig nach Bockenheim. Zuvor war ich nicht allzu oft dort gewesen, wieso auch, der Bezirk hat nicht viel zu bieten. Es sein denn, die schöne Freundin, die so heißt wie die Straße in der sie wohnt, lud zu Nudeln und Rotwein. Das geschah etwa vierteljährlich. In lauen Sommernächten auf ihrem Balkon, mit einem Glas Wein, ließ es sich sehr gut aushalten. Wir schauten auf Bäume, Eichhörnchen, Tauben und Flugzeuge und erzählten, was uns in den letzten drei Monaten widerfahren war – ihr in der großen weiten Welt, mir in Bornheim.

Man braucht also gute Gründe, den Stadtteil zwischen Messe und Niddapark zu besuchen. Mit den geographischen Gegebenheiten sind schon zwei seiner größten Vorteile benannt – man ist schnell an der Messe und schnell im Niddapark. Sehenswert ist Bockenheim nur dann, wenn etwas wegkommt, wie im letzten Jahr der Uniturm. Doch das Spektakel konnte man sich auch bequem vom heimischen Sofa aus ansehen. Inzwischen ist nicht nur der Turm weg, sondern die gesamte Uni. Dafür kommt ja bald der schicke Kultur-Campus. Dann wird bestimmt alles besser.

Es kann der Eindruck entstehen, Bockenheim lege auf Besuch gar nicht sonderlich viel Wert. Zumindest nicht auf den Besuch von Radfahrern, besonders wenn diese aus Bornheim anreisen. Durch das Nord- und Westend lässt es sich noch ganz entspannt radeln, doch plötzlich steht der Palmengarten quer und zwingt einen auf die Bockenheimer Landstraße – und somit auf den schlimmsten Radweg, der sich denken lässt. Zehn Zentimeter über Straßenniveau liegt diese etwa einen Meter breite Unverschämtheit, eingequetscht zwischen Blumenkübeln und Pollern rechtsseitig und absurden Begrenzungsleisten zur Straße hin. Überholen kann man dort selbstverständlich nicht, und wer keine Lust hat, hinter Senioren im Schritttempo herzuschleichen, muss auf die Straße beziehungsweise den Gehweg ausweichen. Das führt regelmäßig zu Beschimpfungen und den üblichen Kommentaren, man solle gefälligst den Radweg benutzen. „Sorry", möchte man rufen, „ich habe diesen scheiß Radweg nicht gebaut!" Dass es noch schlimmer geht, ist kaum vorstellbar, aber Bockenheim schafft sogar das, und zwar vor der ehrenwerten Gaststätte *Doktor Flotte*. Das Lokal nennt sich *Altberliner Wirtshaus*, wahrscheinlich, um sich gleich von diesem Bockenheim zu distanzieren. Dort müssen sich Radfahrer, Fußgänger und Kneipengäste einen etwa drei Meter breiten Gehweg teilen. Die Radspur ist selbstverständlich nicht farblich abgehoben, sodass sie geflissentlich ignoriert wird und ein völliges Durcheinander herrscht. Radfahrer, denen ihre Gesundheit lieb ist, sollten diese Zumutungen meiden und die Straße nutzen, wo Radler sowieso hingehören, allem Gemecker zum Trotz. Das gilt selbstverständlich auch für den Rückweg, wenn man sich nach getanem Tagwerk erleichtert und freier atmend auf Schleichwegen wieder davon stiehlt.

Wer *Doktor Flotte* unversehrt passiert hat, wird in die Leipziger Straße gezwungen und wundert sich, dass dort Autos fahren dürfen. Diese Straße ist definitiv zu schmal für Radfahrer, Fußgänger und Autos, die heutzutage ja zuhauf in Gestalt von sogenannten SUV daherkommen und die Gegend verschandeln. Vor einigen Jahren wurde das Kopfsteinpflaster der Leipziger mit einer Lage Asphalt zugeschüttet. Man hätte gleich eine Fußgängerzone daraus machen sollen, das wäre auch billiger gewesen.

Die Leipziger Straße ist die Haupteinkaufstraße Bockenheims, das Herz des Stadtteils sozusagen, wie die Berger Straße in Nordend und Bornheim. Mit dieser ist sie allerdings nicht vergleichbar. Auf der Leipziger lässt es sich nicht entspannt flanieren, denn der Gehsteig ist gerade mal so breit wie der Radweg auf der Bockenheimer. Ein Elend. Froh ist, wer seinen Schreibtisch, oder was auch immer ihn nach Bockenheim zwang, erreicht hat.

Auch kulinarisch ist Bockenheim eher Ödland. Nirgendwo gibt es ein gescheites Apfelweinlokal. Wer sich durch die Leipziger quält, vorbei am anarchistischen Exzess bis ganz nach hinten, wo die Leipziger schon gar nicht mehr so heißt, sondern irgendwie anders, findet linkerhand das Wirtshaus *Heckmeck*. Dort lässt es sich recht gut einkehren und verweilen. Ebenso im *Casa Nostra*, wenn man den Kellerverschlag denn mal gefunden hat. Das war's dann aber auch schon.

Einen Lichtblick hat Bockenheim aber doch vorzuweisen: Die Redaktion der Titanic ist dort beheimatet, vielleicht, weil nur mit Humor diesem Stadtteil beizukommen ist. Die Stammkneipe der *Titanic* ist dennoch nicht in Bocken-, sondern in Bornheim. Das kann ich gut verstehen.

Tanya Zehnpfund

Immer wieder Bockenheim

M ein Leben spielt sich komplett in meinem Wahlheimatviertel ab. Seitdem ich 1999 nach Bockenheim gezogen bin, hat es sich scheinbar herumgesprochen, wie wunderbar es sich hier lebt – natürlich vollends ohne mein Zutun, ich vermag nun wahrlich keine Verbindung zwischen den beiden Ereignissen herzustellen. Und eigentlich ist es für bereits Zugezogene besser, wenn es ein Geheimtipp bleibt – es könnte sonst dahin führen, dass sich die Schlange beim Bäcker bis durch die Tür erstreckt, um den Baum schlängelt und schlimmstenfalls auf die andere Straßenseite verlagert. Bei dem dichten Fahrradverkehr in der Leipziger könnte dies durchaus zu einem Problem werden – es würde mehr geklingelt, was gerade zur morgendlichen Stoßzeit die Langschläfer unter den Anwohnern irritieren könnte, oder aber die Radler müssten auf andere Straßen ausweichen, was unter Umständen dazu führen könnte, dass die Eltern unter ihnen, die morgens schon langwierige Diskussionen mit ihren Sprösslingen hinter sich haben und immer wieder feststellen müssen, dass es gar nichts bringt, den Wecker noch früher zu stellen, da das Mehr an Zeit durch den zu früher Stunde bereits ausgeprägten Spieltrieb ihrer Kleinen, oder manchmal ganz einfach durch ihren Hang zum Trödeln und In-jeden-Tag-hinein-Träumen, schlicht und ergreifend verpufft, wertvolle Minuten verlieren und die Kita-Bringzeiten dann nicht mehr einhalten können. Aber noch ist es nicht so weit.

Uns Konsumenten geht es hier schon ganz gut: Allein was Lebensmittel anbelangt, verfügen wir über zwei Bioläden (vom Reformhaus ganz zu schweigen), eine unvorstellbar hohe Anzahl an Bäckereien (Schnell-Bäcker mit eingeschlossen), und drei Rewes (zwischenzeitlich zwei, nachdem der im Untergeschoss von Woolworth dicht machte – der Laden, wo ein Schlussverkauf den nächsten jagt und man sich fragen könnte, ob man das mit der Insolvenz vielleicht falsch verstanden hatte damals, aber gleichzeitig hofft, dass er uns erhalten bleibt, denn seitdem es den Kaufhof nicht mehr gibt, wo soll man denn sonst hin für bestimmte Einkäufe). Ja, sonst müsste man sein Viertel verlassen und ständig in die Stadt fahren. Aber soweit ist es noch nicht gekommen.

Wer wochentags mittags im Viertel unterwegs ist, bekommt viel fürs Auge geboten. Man muss die Riesenauswahl an Mittagsangeboten von Spitzenmetzgern, Frisch-Fisch-Lokalen, Burger-Bars, Top-Türken, Asia-Imbissen bis hin zu – meinem persönlichen Favoriten – einer geheimen Quelle für frische Quiches und alles à la France einfach loben. Sie zieht ein Sammelsurium an Esstouristen aus umliegenden Büros, Firmen und Bauprojekten an. Die Angestellten der Übersetzungsbüros und Sprachschulen blenden ein und sind als solche nicht auf Anhieb zu erkennen, aber es sind genug Banken, Kanzleien und dergleichen in der Nähe, deren Mitarbeiter erkennbarer sind, und die Mittagspause ebenfalls nutzen, um ein paar Einkäufe zu erledigen – auch vom Wochenmarkt, wo es sich übrigens bestens speisen und einkaufen lässt. Man sollte die Makler auch nicht außer Acht lassen – ohne die Statistiken zitieren zu können, hat sich deren Anzahl subjektiv betrachtet und auch logisch interpretiert in den vergangenen Jahren drastisch erhöht – es wird schließlich viel gebaut (kürzlich ist ein weiteres Prachtgebäude an der Warte entstanden) und die neuen Wohnungen müssen auch unter den Mann gebracht werden. Dass sich dies auf die Mietpreise im ganzen Viertel auswirkt, liegt auf der Hand, worüber Alteingesessene nicht allzu viel Grund zur Freude haben, denn auch Altvermieter bekommen leuchtende Augen, wenn sie die Anzeigen lesen. Soweit ist es auf jeden Fall schon gekommen – aber halten wir lieber fest, dass die Neubauten schon sehr hübsch anzusehen sind.

Ganz unabhängig vom Überangebot an teurem Wohnraum scheint Bockenheim vorwiegend auf Jogger eine gewisse Anziehungskraft auszuüben. (Ich behaupte mal, dies sei unabhängig davon, dass sowohl die Sportuni als auch diverse Fußballvereine im Viertel angesiedelt sind). Nein, es ist einfach die Lage – eingebettet zwischen zwei Parks, die interessante Unterschiede aufweisen. Im einen, dem Grüneburgpark, ist viel Fußvolk unterwegs, das etwas Abwechslung zum Palmengarten sucht, den kleinen Abstecher zum botanischen Garten jedoch womöglich noch nicht entdeckt hat. Im anderen, dem Niddapark, sind mehrheitlich Hundeliebhaber, aber auch

Langspaziergänger, die die Seele baumeln lassen wollen, unterwegs. Dazu gibt es zahlreiche grüne Oasen, die für müde Augen und Ohren genau das Richtige sind.

Doch wollen wir die Vielfalt der nachmittäglichen Angebote nicht unbetrachtet lassen – sie ist nämlich kaum zu überbieten, zumindest aus Sicht von jemandem, die sich gerne einen Latte gönnt, manchmal auch nur einen Espresso, mit oder ohne Kuchen, je nach Zeit und Laune. Manche Cafés haben einen schönen Garten im Hinterhof – es hilft, wenn man sich auskennt. In manchen läuft keine Hintergrundmusik, in einigen scheint Dauerbetrieb zu herrschen, aber nicht nur, weil sie ‚in‘ sind, sondern auch, weil sie gemütlich sind und man sich dort einfach gerne aufhält. Immer und immer wieder …

Nachteulen kommen in Bockenheim auch auf ihre Kosten. Jedenfalls Quasi-Nachteulen, die zu noch-christlichen Zeiten unterwegs sind (die Studenten klammere ich hier mal aus – ich kann mich nämlich durchaus noch erinnern, wie es damals im Studium war: Tagsüber eignete man sich Wissen über fachliche Themen an, nachts über Dinge, die wohl eher unter ‚wichtiges Allgemeinwissen‘ fallen). Wie mittags auch, ist in der dunkleren Tageshälfte eine breite Vielfalt an Leuten unterwegs. Vielleicht wohnen hier deshalb gerne Künstler und Autoren, weil sie sich ihre Inspiration aus der unmittelbaren Umgebung holen. Musiker findet man hier ebenfalls – nicht nur solche, die uns an den U-Bahn-Stationen das Bedienen der Fahrkartenautomaten musikalisch zu begleiten versuchen, sondern durchaus seriöse Entertainer und Lehrer, die hier eine musikalische Ader entdeckt haben und somit eine Marktlücke füllen. Ihnen allen herzlich Willkommen! Denn was wäre ein Leben ohne Musik? Und am allerliebsten ums Eck.

Ich schließe mit einer Bitte an alle Bockenheimer und Möchtegern-Bockenheimer (zumindest an alle, die sich für dieses Buch interessieren) ab: dass meine Ausführungen als eine Art Freundschaftserklärung an mein Wahlheimatviertel verstanden werden, nicht mehr, nicht weniger. Ich habe mich gleich zu Beginn als Zugezogene geoutet und habe noch nie in einem anderen Viertel gewohnt. Ich hoffe, ich werde Bockenheim noch lange treu bleiben, denn hier tut sich eine Menge und ich bin gerne Teil davon – mal als Beobachter, mal als Nutznießer – aber stets in dem Bewusstsein, dass ich es durchaus schlimmer hätte treffen können … Vielleicht bis bald im Café?

Inoszka Prehm, Lady of Camster

Endlich daheim

Bockenheim – »Bockenem«! Seit 1972 bin ich – nun 72 Lebensjahre zählend – immer noch hier!

Gelebt habe ich in Poznań (deutsch: Posen in Polen), wo ich einst zu Hause war und im Familienbund das Weite suchen musste, da die Welt voll Unfrieden war. Ich wohnte dann nahe bei Hamburg. Dort habe ich mich nie wirklich zu Hause gefühlt, also ergriff ich erneut die Flucht und versuchte mein Leben in Paris. Dort waren aber 1968 die Mai-Unruhen und weil ich – schon einst im Mai auf den Rollstuhl angewiesen – nicht mobil genug war, musste ich zurück nach Old Germany. Direkt in Hamburg lebte ich – und es war kein Leben, nicht das von mir ersehnte, aktive, lebendige Leben, obwohl hier alle öffentlichen Verkehrsmittel mobil waren, denn ich war immobil. Also brach ich nach Essen und Bochum auf. Eine kurze Zeit im Kohlenpott wohnend genoss ich das Leben auch nicht sonderlich. Auch hier verhielt es sich nicht besser mit der Verkehrstüchtigkeit. Es verschlug mich in den Taunus. Bus- und Bahnverkehr machten es mir nicht möglich, mein Leben mobil zu gestalten, und den »Lift« per Auto bei den mich umgebenden Menschen in Anspruch zu nehmen, war für diese dauerhaft nicht zumutbar. Der Ort war zu klein und als Studentin mit knappem Einkommen konnte ich selbst kein Auto aus dem Boden stampfen. Mein Weg führte mich infolgedessen nach Frankfurt an den Main.

In Frankfurt begann ich, mich zu Hause zu fühlen, obwohl ich zwei Jahre lang kein festes Zuhause hatte. Sicherlich bin ich 20 Mal innerhalb der Mainmetropole umgezogen – immer auf Untermiete und immer auf Zeit, bis ich eine dauerhafte Wohnung im Herzen Bockenheims bekam – und endlich wurde ich sesshaft!

Anfangs war es auch noch in Frankfurt kompliziert, weil ich als Behinderte auch hier – wie schon in den anderen Orten – diskriminiert wurde. So wurde ich z. B. an der Bockenheimer Warte von Fahrgästen aus der Straßenbahn geschubst und Passanten spuckten auf der Straße vor mir aus. Von völligem Unverständnis für meine Mobilitätsbedürfnisse zeugte die Bemerkung einer Bockenheimer Kauffrau. Sie meinte, als ich mich am Geländer die Stufen in ihr kleines Geschäft hochzog: »Das verstehe ich nicht, Fräulein, dass Sie noch auf die Straße gehen, wenn Sie so schlecht zu Fuß sind. Es sind doch so viele Schulkinder da, die sich gern einen Groschen durch Einkäufe verdienen würden.« Ja, der Groschen war bei ihr noch nicht gefallen, davon abgesehen, dass sie wohl auch dachte, behinderte (oder auch alte) Menschen können doch leicht immer wieder mal einen »Groschen« locker machen. Lediglich im Verband Bildender Künstler Frankfurts fand ich sofort willkommene Aufnahme, obwohl ich mich in der Studentenzeit als Autodidaktin zur Malerei hin entwickelte. Die Bildermaler und Objektgestalter nahmen keinen Anstoß an mir, sondern stärkten meinen maroden Rücken. Allmählich besserten sich die Umstände und auch die Einstellungen der restlichen Bevölkerung. Die U-Bahn hielt Einzug an der Bockenheimer Warte – und fährt bis heute weiter über die Hauptwache und die Konstabler Wache zum Zoo oder zum Ostbahnhof, wo der sehr mit Bockenheim verbundene Maler und Graphiker Max Weinberg seit Jahren sein Atelier hat. Aufzüge wurden Jahre später eingebaut und kürzlich die neu gebauten U-Bahnwagen abgesenkt, sodass ein Hineinrollen ohne von der Rolle zu kommen inzwischen selbstverständlich ist. Mit Glück ist es kein Problem mehr, mit der U-Bahn im Rollstuhl von Bockenheim aus in die Stadt zu fahren, das aber nur, wenn die Aufzüge funktionieren! Zu mehr als 50 % besteht dieses Glück – leider ist dies noch zu wenig, doch unbedingt mehr als früher! Im Unglücksfall sind immer wieder Passanten da, die hilfreich zugreifen, dies aber auch Dank des großen Ausländeranteils ...

Wenn ich mich mit oder in meinem Rollstuhl über die Leipziger Straße bewege und meine Einkäufe erledige, findet immer wieder ein kleines Gespräch mit Menschen statt. Man kennt sich allmählich oder lernt sich kennen, z. B. wenn es notwendig wird, dass sie mich an schlechten Tagen über die Hindernisse auf der

Beine in Bauch

Dialog an der Ampel Ecke Adalbert- / Kiesstraße

Vier Räder unnerm Bobbes

Gespräch uff de Bockenheimer Zeil

»Bockenheimer Zeil« schieben. Manchmal treffe ich auch Max (Moshe) Weinberg, den ich seit den Siebzigerjahren aus der Kunstszene kenne. Er ist Mitte achtzig und geht zu Fuß den ganzen Weg von Frankfurt Rödelheim über Bockenheim in sein Atelier am Ostbahnhof. Unsere Gespräche finden meistens auf der Leipziger Straße statt, bis er dann sagt: »Lady, ich muss weiter.« Manche Leute sind sprachlos, wenn sie ihn sehen, den zierlichen Mann mit der wilden, inzwischen weißen Mähne, dem umfangreichen Vollbart in buntbekleckstten Klamotten. Ihm verdanke ich einige meiner Ausstellungen (durch Vitamin B), aber leben kann ich, im Gegensatz zu diesem Mitachtziger, nicht von meinen Bildern und Cartoons.

Die »Bockenheimer Zeil«, kurz gesagt »Die Leipziger«, ist bunt und lebendig und manchmal ein bisschen eng, von manchen geliebt, von manchen gehasst. Sie gehört zu meinem Leben.

Ich erinnere mich an ein Erlebnis, das sich im letzten Sommer in der Nähe der Bockenheimer Warte ereignete. Zu später Stunde ging ich die Adalbertstraße entlang, die sich von der Bockenheimer Warte bis zum Westbahnhof zieht. Am Wasserhäuschen, so nennen die Frankfurter ein Kiosk, wollte ich kaufen, was ich am Tag vergessen hatte, zumal lieber Besuch bei mir weilte, dem es an nichts fehlen sollte. Ohne meine Handtasche (die ich mir in der Nachtzeit nicht stehlen lassen wollte), die Geldbörse in der Manteltasche verstaut, stapfte ich, den Rollstuhl als Rollator entfremdend, zum Ziel.

Halb bewusst nahm ich einen Mann wahr, der sich mir von links etwas zu sehr näherte, dachte aber nicht, dass er etwas »Linkes« im Sinn hätte und trat an den Verkäufer des Kiosks heran, das Gewünschte zu erbitten. Wie von Sinnen bemerkte ich den Verlust meines Geldbeutels – einfach weg! Dann fiel mir der Mann zu meiner Linken wieder ein ...

Ich hatte Glück im Unglück, weil mein Besuch – nach entsprechendem Signal über das Mobiltelefon – zum Wasserhäuschen geeilt kam, um den Einkauf zu bezahlen. Wieder zu Hause ließen wir uns den Appetit durch diesen Vorfall nicht verderben, saßen gemütlich zusammen und aßen.

The day after: An meinem Arbeitsplatz bemühte ich mich wie immer, meine Brötchen zu verdienen. Ich dachte nicht mehr an den gestrigen Vorfall. Nur wenn ich direkt ans Portemonnaie wollte und ins Leere griff, erinnerte ich mich daran.

Bei purem Sonnenschein verließ ich meine Arbeitsstätte in der Absicht, gleich heimzugehen. Ich überquerte die Kiesstraße in Richtung Adalbertstraße. Freudestrahlend winkte mir Jasmin zu, ihr rötliches Haar zu einem Zopf geflochten,

MEIN BOCKENEM *159*

schlank, voll bepackt mit leeren Flaschen. Sie war eine von denen, mit denen ich öfter auf der Leipziger Straße sprach, und wenn sie mich erschöpft vorfand, schob sie mich ein Stück des Wegs im Rollstuhl.

Jasmin hielt meinen Geldbeutel in der Hand. »Wissen Sie, der Schlumi hat ihn dir gestern geklaut. Als er dann bei uns prahlen wollte, was er alles erbeutet hat, erkannte ich Ihren Geldbeutel sofort am silbernen Emblem und sagte ihm: ›Dieses Portemonnaie behältst du aber nicht! Ich kenne die Frau, der du es geklaut hast! Durch das Label da drauf erkenne ich sofort, wem das gehört. Gib das sofort her, sonst zeig' ich dich an!‹ Als der gezögert hat, habe ich ganz friedlich gesagt: ›Komm, rück‹ schon raus!‹ Und als der nicht reagiert hat, hab ich es ihm aus der Hand gezerrt. Wissen Sie, er lebt von Kleingaunereien, aber dass er dir was klaut, das geht ja gar nicht!« Es fiel ihr offenbar schwer, beim Siezen zu bleiben.

Es machte sich wieder einmal im wahrsten Sinn des Wortes bezahlt, mit Menschen zu sprechen ...

Jasmin und ich setzten uns gemeinsam in den Garten vom Café Albatros in der Kiesstraße und ich lud sie von dem wiedergewonnenen Geld zum Braten und auf einen Wermut ein. Mir selbst gönnte ich wie üblich ein vegetarisches Gericht und eine heiße Schokolade. Im Voraus bezahlte ich die Zeche, denn ich wollte vermeiden, dass Jasmin den Braten riechen und darauf bestehen würde, in ihren eigenen Geldbeutel zu greifen. Nicht nur wegen des »Finderlohns« war die Einladung gerechtfertigt, sondern auch aufgrund ihres geringen Einkommens, dessen ich mir durch unsere Unterhaltungen bewusst war. Die zahlreichen leeren Pfandflaschen, die sie bei sich trug, sprachen Bände.

Genüsslich rauchten wir zunächst unsere Zigarette danach, doch Jasmin wurde allmählich unruhig. Sie strebte danach, den Café-Garten zu verlassen, um sich in die dahinter liegende Grünanlage zu verziehen, denn dort drückten sich ein paar Männer herum, welche sie offenbar kannte. Sie saßen in der Runde, ließen Bier in ihre Kehlen fließen und einen Joint kreisen. Jasmin wusste offenbar, wo es nicht nur Gutes zu trinken, sondern auch, wann es Gutes zu rauchen gibt ... Wir setzten uns zu ihnen.

Eine alte Frau am Stock durchquerte die Parkanlage. Sie schien die Welt nicht zu verstehen. »Was is' des für e'n komische Geruch? Da muss mer ja die Polizei hole!«, echauffierte sie sich.

»Das ist eine wunderschöne Pflanze, die so herrlich duftet«, antwortete Jasmin schlagfertig und ich stieß mit ihr in dasselbe Horn, indem ich von mir gab, dass die

160 KAPITEL 5

Pflanze nicht nur schön sei, sondern auch heilend wirken könne. Welch ein Heil – durch unsere Antworten befriedigt schlurfte die alte Dame davon. Als sie sich weit genug entfernt hatte, konnten wir uns vor Lachen nicht mehr halten. Doch dann verabschiedete ich mich und bewegte mich von der Runde fort, denn ich wollte ja nichts von dem Joint abhaben und war inzwischen müde.

Endlich daheim und innerlich sehr bewegt nahm ich Abschied von diesem Tag. Ich habe Jasmin seitdem nicht mehr wiedergesehen. Dieser Wermutstropfen schmerzt mich. Selten bereue ich Dinge im Leben, doch Jasmin nicht nach ihren Kontaktdaten gefragt zu haben, war eine Unterlassungssünde! Vielleicht läuft sie mir doch noch eines Tages auf der »Leipziger« wieder über den Weg. Das wäre schön!

Bockenheim, dieser bunt gemischte Stadtteil, ist mir zweite Heimat geworden. Hier kann ich leben!

Otto Ziegelmeier

In Erinnerung an einen, der gerne hier war

Er liebte das Leben der Bockenheimer Husaren. Daher besuchte er gerne und oft das Husaren-Regiment „König Humbert von Italien Nr. 13". Es war ein Kavallerieverband der Preußischen Armee, der in Bockenheim stationiert war. Da er selbst nicht beim Militär gewesen war, genoss er nun deren Nähe, deren Lebenslust und Ungestümtsein. Er zeichnete sie wild auf dem Pferd reitend, den Säbel schwingend: „Reitende Husaren" und „Zwei Husaren zu Pferd" wurden mit viel Schwung so verewigt. Die Husaren inspirierten ihn, bei ihnen fühlte er sich wohl, der Sohn eines Schneidermeisters und einer Haubenmacherin aus Groß-Gerau. Der Fabrikant Julius Wolff erkannte dessen Talent und ermöglichte ihm eine Ausbildung in der Frankfurter Städelschule. Er zählte zu den besten. Ein Meisterschüler. Aber selbst Studienaufenthalte in Paris, Florenz, Rom, Holland und Südfrankreich begeisterten ihn nicht. Eigentlich wollte er gar nicht weg. Denn als er bei seiner Abreise die Sachsenhausener Kirchtürme nicht mehr sehen konnte, sagte er zu seinem Begleiter: „Lass uns umkehren. Wir sind weit genug weg." Da fehlten ihm schon seine Husaren. Mit ihnen identifizierte er sich. Sogar eine Uniform, die der der Bockenheimer Husaren sehr ähnelte, legte er sich zu. Und natürlich eine Pistole – viele Pistolen. Diese waren neben dem Malen seine große Leidenschaft.

Sie waren natürlich stets geputzt und schussfertig. Glücklich war er, wenn er in einem Café einem Freund die neue Abzugsvorrichtung am natürlich geladenen

Revolver demonstrieren konnte. Denn zu Hause konnte es seine Frau nicht leiden, wenn er Löcher in die Gardinen schoss. Das kam öfter vor und machte ihm große Freude; er liebte es luftiger.

Er besaß die Waffen, weil sie wunderbar knallten und weil er sich vor Überfällen fürchtete. Daher hatte er auch einen Schäferhund, aber nicht nur einen. Bis zu acht Hunden schenkte er ein liebevolles Zuhause. Aber auch Esel tollten sich auf dem Grundstück und ein Affe hüpfte durch sein Atelier. Als ein Bärenführer nach Eschersheim kam, ruhte er nicht, bevor er ihm nicht den Bären für ein paar Tage überließ. Er studierte das Tier, daraus entstand das Gemälde „Heiliger mit Bär". Aber natürlich wollte er seine Zeitgenossen mit Meister Petz foppen. So nahm er seinen pelzigen Freund mit ins Wirtshaus und freute sich königlich, als der Wirt sich aus lauter Angst hinter dem Schanktisch verbarrikadierte. Ein anderes Mal nahm er seinen Bären mit zu einer Dampfstraßenbahnfahrt, die damals zwischen Frankfurt und Eschersheim verkehrte. Jedoch war der Schaffner der Meinung, dass Bären nicht mitfahren dürften, worauf er keck fragte, wo denn in den Dienstvorschriften geschrieben sei, dass Bären nicht auf „der Knochenmühle", so wurde die Dampfstraßenbahn genannt, fahren dürften. Der Schaffner verzweifelte und nur durch inständiges Bitten des Personals stieg er mit seinem zotteligen Genossen wieder aus.

Was ihm an dem Bären und an den anderen Tieren gefiel, war das Ursprüngliche, das Leben aus dem Instinkt, aus der unverbildeten Natur. Daher zeichnete er gerne Bauern, Bauern mit Pfeife, Bauern mit Pferden – und seine Husaren. Er sah Einzelheiten, sah Besonderheiten. Genau hinzusehen hatte er in der Frankfurter Städelschuhe gelernt. Als Meisterschüler konnte er es sich herausnehmen, anders zu malen als die anderen. Er suchte und fand seine Motive in den Lebensbereichen einfacher Menschen, bei Bauern, Fuhrleuten, Fischern und Schäfern. Das waren Lebenswelten, die den Frankfurtern langsam fremd geworden waren. So war sein Malstil anders und auch sein Lebensstil. Immer wieder verblüffte er seine Mitmenschen, wenn er zum Beispiel im eleganten Frack auf dem Esel sitzend in ein Wirtshaus einritt und ein Getränk bestellte. Ein anderes Mal bugsierte er den Esel ins Wartezimmer seines Zahnarztes, als dieser im Wirtshaus war. Dann ließ er den Zahnklempner eiligst von dort holen, da ein dringender Notfall in der Praxis warten würde. Als der Arzt zurückkam, war er perplex und hatte sich wohl gefragt, wer der größere Esel gewesen sei.

So war er bekannter als ein bunter Hund, der „König von Eschersheim", wie er auch genannt wurde. Dort lebte er im Vorort von Frankfurt als Gleicher unter

Gleichen und fand, was ihn interessiert: Den „Dorfbarbier", „Eggende Bauern" und Bauern „Am Ofen" hielt er im Bild fest – auch den „Gemeinderat": Rind, Esel und Schaf halten die Sitzung ab.

Als Buffalo Bill nach Frankfurt kam und seinen „Wild-West" im späteren neuen Teil des Palmengartens präsentierte, war er natürlich auch dabei. Begeistert zeichnete er Tag und Nacht die Pferde und Cowboy-Szenerie – und schaffte sich auch eine Cowboy-Ausrüstung samt Gewehr und Sattel an. Damit zeigte er sich gerne in der Öffentlichkeit. Ein junger Wilder mit viel, viel Humor und Witz! Wenn er als Cowboy oder Bockenheimer Husar spazieren ging, salutierten die Straßenkehrer mit aufgepflanztem Besen. Dafür gab's natürlich ein Trinkgeld aus der Westentasche. Wo er auftauchte, bereicherte er die Menschen – oder verblüffte sie; wie damals, als er die Lokomotive des Orientexpresses im Wartesaal des Frankfurter Hauptbahnhofes auftauchen ließ. Selbstkritisch bezeichnete er sich auf einer Postkarte an Freunde als „de verrickt Moler"!

Seine Lebensgewohnheiten bestimmten seine Motive. Er zeichnete Menschen im Wirtshaus, den „Sackträger", der neben seinem Schnapsglas sitzt und auch die „Wirtshausgruppe". Er sprach die Sprache der Menschen auf der Straße, er verstand sie und sie verstanden ihn. Dabei war er auch tiefgründig, was seine vielen religiösen Bilder zeigen. Für die Frankfurter Lukaskirche schuf er die Altarbilder, die leider im Krieg vernichtet wurden. „Der barmherzige Samariter", „Salome" und „Ruhe auf der Flucht" sind heute noch zu bewundern. Auch hier ist sein Stil unpathetisch, er zeigt das Unauffällige, das Ungewöhnliche. Sein Stil ist altmeisterlich.

Sein Leben meisterte er leider nicht meisterlich. Er verfiel dem Alkohol, der stärker war als die Entziehungskur. So verließ ihn seine Frau. Auch manche Auftraggeber zogen sich zurück, da sie mit dem exzentrischen und leider auch unzuverlässigen Künstler nicht mehr zurechtkamen. Es ging bergab. Der „König von Eschersheim" zog in eine ärmliche Behausung in Rödelheim. Auch das 13. Bockenheimer Husarenregiment musste abziehen, es wurde nach Mainz strafversetzt, da sich einige Offiziere nicht gut benommen hatten – nicht auf dem Feld der Ehre, sondern im Frankfurter Nachtleben. Sie fehlten ihm. Ein Denkmal erinnert an die Bockenheimer Husaren. Es stand am Königsplätzchen, das heute (noch) Adorno-Platz-heißt.

Beim Ausbruch des 1. Weltkrieges meldete er sich freiwillig, aber nicht einmal das Militär wollte ihn haben. So ging er zu den Sanitätern. Was er in den ersten Kriegsmonaten 1914 erlebte, versuchte er im Alkohol zu ertränken. Aber Sorgen können schwimmen. Seinen „Äpfelwein" hat er verewigt, ebenso „Der Wein" und „Drei Betrunkene". Glänzend ist das Dumpfe, Stumpfe und Stierende zum Ausdruck gebracht. Auch und gerade im Suff kam er dem gesuchten Natürlichen schmerzhaft näher. Näher als es ihm gut tat. Dies führte zu Depressionen und weiteren wirtschaftlichen Problemen. Auch seine zweite Ehe scheiterte. Er kam in die Nervenheilanstalt. Dann traute er sich nichts mehr zu, war am Ende. Was er malte, befriedigte nicht mehr seine Ansprüche. Erfahrungen und Enttäuschungen machten ihn eigen und eigentümlicher, wie auch seine Kunst, die ebenso eigentümlich wie unverwechselbar war. Er war kein Intellektueller, der blutleere Werke pinselte. Eine temperamentvolle Schöpfernatur mit viel Humor und tiefer Empfindung – oft für Dinge und Situationen, die andere nicht sahen oder wegsahen. Ein Städel-Meisterschüler, der keine Schüler hatte, denn seine Kunst war Ausdruck seiner Persönlichkeit – und die war nicht übertragbar. Am ersten Weihnachtsfeiertag 1914 erschoss sich Wilhelm Altheim.

In Erinnerung an den altmeisterlichen Maler Wilhelm Altheim (*7. August 1871 in Groß-Gerau – † 25. Dezember 1914 in Frankfurt – gerne gewesen in Bockenheim).

BOCKENHEIM
JUNGES

Junges Bockenheim

Suzanne Lisa Cadiou

Ein Stadtteil in vier Abenteuern

09.07.2010

Kein einziges Mal bin ich zu Chris in die Wohnung gegangen. Über die Jahre gerechnet habe ich wahrscheinlich um die 1300 Stunden vor seinem Haus verbracht. Ein Drittel davon saß ich auf dem großen Stein rechts vom Tor. Einige Male haben wir auf dem kleinen Platz, der fünf Schritte weiter lag, auf der Bank gesessen. Die meiste Zeit habe ich aber stehend verbracht: vor der Eingangstür im Hof. Ab und zu habe ich versucht, mir vorzustellen, wie es oben wohl aussehen mochte … Hatte Chris ein riesiges Regal voller Schallplatten? Lag viel dreckiges Geschirr in der Küche? Gab es nur Toastbrot und Erdnussbutter im Regal? Er hat es mir nie verraten. Auch nicht, wie viele Zimmer die Wohnung eigentlich hatte und ob sein Bruder, sein Vater und er jeweils ihr eigenes hatten. Ich wusste nur eins: Irgendwo da oben, hinter einer der Türen im Treppenhaus ist das Zuhause von Chris.

– Chris?

– Was?

– Wie lange brauchst du noch?

– Weiß ich nicht.

– Komm runter, lass uns an den Main fahren.

– Ja, später vielleicht. Ich will das noch zu Ende schreiben.

Chris hat immer irgendetwas geschrieben: seine Aufsätze in Philosophie, einen Tag vor der Abgabe, Briefe an seine Mutter, die er wahrscheinlich nie abgeschickt hat, SMS an all die Mädchen, die in ihn verliebt waren, und vor allem Liedtexte für seine Songs. Manchmal kam er dann doch runter in den Hof, wenn ich Glück hatte sogar raus auf die Straße. Bis um die Ecke, in die Leipziger, kamen wir eigentlich nie. Meistens habe ich dann erzählt – von der Schule oder von zu Hause, davon, dass ich mich von keinem verstanden fühle.

Chris hat zugehört und mit seiner Hand, die mir immer vorkam wie eine Bärentatze, aufmunternd meine Schulter gepackt. Er hat alle Lieder für mich gesungen, die ich hören wollte, oft seine eigenen, die von all dem handelten, was ihn so unglücklich machte. Dann haben wir gelacht, weil wir so pathetisch waren und doch eigentlich so viel Freude am Leben hatten.

Trotzdem habe ich die meiste unserer gemeinsamen Zeit unten vor seinem Haus verbracht und gewartet, während er da oben sein ganzes Herz in Notenblättern fest verankerte und sich kaum von ihnen losreißen konnte. Das letzte Mal, als wir uns vor der Haustür gesehen haben, hielt er einen breiten, schwarzen, aufwendig verzierten Rahmen in seiner Bärentatze.

- Für dich.

Er drückte mir ein eingerahmtes Gedicht in die Hand, das unsere Geschichte erzählte. Es stand alles drin, was Chris immer über Schiffe gesagt hatte, vor allem, dass keines so stabil wie das *friendship* sei. Er setzte die Segel und brach auf zu neuen Horizonten. Auch wenn wir jetzt so anders waren, all unsere Abenteuer hatte er in den Mast von *friendship* eingeritzt.

29.05.2011

Wenn von Kindesbein an alle Regale voll mit Büchern sind,
Theorien und Wissenschaftler in jedes Gespräch einfließen,
Dann kann es ganz schnell heißen, dass man spinnt
Sobald im Herzen so etwas wie Glaube sprießt.

Dennoch biegt das Leben manchmal in Seitenstraßen,
Ohne dafür eine Erklärung zu hinterlassen.
So auch bei der unverständlichen Berührung,
Als sich erstmals vor den eigenen Augen die Stirn hin senkt zum Boden.

Was darauf folgte ist bis heute oft schwer nachvollziehbar,
Aber eng verbunden mit einem bestimmten Ort und Tag im Januar.

Auf dem Regal finden sich von den Büchern noch mehr als reichlich,
Bloß kam daneben noch hinzu – für das Herz und seine Ruh – ein kleiner Teppich.

19.07.2014

Der heißeste Tag des Jahres. Ich erinnere mich genau an das erste Heimisch Fest letztes Jahr, als wir den gesamten Vormittag im strömenden Regen Bänke, Zelte, Bühne aufgebaut haben. Heute hat es sich das Wetter ganz anders überlegt. Die Sonne knallt schon seitdem sie aufgegangen ist auf den Kurfürstenplatz. Menschen suchen Schatten, schalten Ventilatoren an, wenden sich ausnahmsweise lieber ihrem Eis zu statt dem Smartphone.

Vergangene Nacht lag ich schlaflos in einer fremden Wohnung und habe die Minuten gezählt. Aufregung und Furcht haben sich abwechselnd den gesamten Freiraum meines Herzens geteilt. Ich bin früh aufgestanden und bin innerlich noch ein letztes Mal meine Texte durchgegangen.

Nun stehe ich auf dem Kurfürstenplatz. Die Erwartungen an das zweite Heimisch Fest waren hoch, werden aber nicht enttäuscht: Auch dieses Mal stimmt alles. Für andere Besucher ist der größte Unterschied wahrscheinlich das Wetter, für mich steht jedoch viel mehr auf dem Spiel. Ich bin nicht zum Auf- und Abbauen hier, sondern mit einem Poetry Slam-Beitrag als Teil des Bühnenprogramms.

Ansage. Mikrophon auf die richtige Höhe einstellen. Die Anzahl der Augenpaare, die neugierig auf mich gerichtet sind, ist relativ überschaubar. Für einen kurzen Moment drängt sich eine zu große Menge an Fragen in meinem Kopf. *Warum stehe ich hier eigentlich? Soll ich nicht lieber die alten Texte vortragen? Will ich wirklich diesen Teil von mir mit fremden Menschen teilen?* Kurze Vorstellung. Titel nennen. *Was ist, wenn niemand versteht, was ich eigentlich sagen will?* Erster Satz. Zweiter Satz. Stille. Gestik. Mimik. Pause. *Welchen Text lese ich als nächsten? Wird jemand davor schon aufstehen?* Zweiter Absatz. Vereinzelt nehme ich wahr, wie hier und da die Augen geschlossen und durch Ohrenpaare ersetzt werden, die gebannt zuhören. Der Stau im Kopf löst sich, der Redefluss ist unaufhaltsam. Es wird ein Text nach dem anderen gefordert. Der Applaus hat nicht die Wirkung, die ich mir erhofft hatte. Stattdessen sind es die Rückmeldungen nach dem Auftritt, die mich beruhigen und mir versichern, dass man Menschen inspiriert, indem man ehrliche Geschichten erzählt.

Ich suche mir die schönste Bank aus, direkt unter einem riesigen Baum. Gitarrenklänge ertönen leise aus den Lautsprechern, Seifenblasen schwirren ziellos von hinten an mir vorbei. Ich schließe die Augen und stelle mir vor, wie sie meine Gedanken bis nach England tragen und dort nach Chris suchen. Ich lache laut vor mich hin, weil ich mich frage, was er wohl sagen würde, wenn er jetzt hier wäre ...

– Hast du es eigentlich die ganze Zeit gewusst?

...

– Wusstest du, dass ich genau so viele Stunden wie du mit dem Stift in der Hand verbracht und gehofft habe, irgendwann deinen Mut zu haben, um all die Worte mit der Welt zu teilen? Bist du deswegen nie runtergekommen? Um mir zu zeigen, was Begeisterung ist?

19.04.2015

18 Tage, 20 Läden, 300 Modelle, unzählige Seufzer und Kopfschütteln, aber kein einziges Mal waren die passenden Ringe dabei. Wie so oft im Leben fand die Begegnung genau dann statt, als keiner damit rechnete.

Sie saß in ihrem Lieblingscafé am Hauptbahnhof, nippte am Cappuccino und telefonierte eine Liste durch, um einen Veranstaltungsort zu finden, der kurzfristig noch zu vermieten war. Ihr fiel der interessante Ring an der Hand der Bedienung auf. Er schien eine Geschichte zu erzählen und sie fragte nach, wo er herkam. Die Bedienung verwies sie auf die Internetseite einer Schmuckkünstlerin in Bockenheim. Ein paar Klicks reichten, um sie zu begeistern. Wenige Stunden später stand das junge Paar im kleinen Atelier. Sie probierten ganz andere Ringe an als diejenigen, die ihnen anfangs so gefallen hatten.

Nach der Abholung liefen sie zur Leipziger Straße, kauften das erste Eis des Jahres und suchten eine ruhige Seitenstraße. Die bunten Eiskugeln konnten nicht mit dem Funkeln der Sonne auf den Ecken und Kanten ihrer neuen Ringe mithalten. Sie bewegten ihre Finger nebeneinander, hakten sie ineinander ein, nur um das Wettrennen der Strahlen auf den Ringen zu beobachten. Er lachte.

– Was ist los?

– Keiner wird verstehen, was wir an ihnen finden.

– Du hast recht ... Die werden bestimmt denken, dass wir einfach zwei Schraubenmuttern aus dem Baumarkt besorgt haben.

Sie lachte mit und griff nach seiner Hand.

– Die Ringe sind perfekt. Schau sie dir an und dir wird zu jeder Kante ein schönes oder schwieriges Abenteuer einfallen, das wir zusammen gemeistert haben. Wenn du dich daran erinnerst, wie diese Geschichte damals unten am Main angefangen hat, wie viele Stunden wir gemeinsam durch die ganze Stadt gelaufen sind, und jetzt sitzen wir hier auf der Konrad-Broßwitz-Straße und haben Trauringe an ...

Sie sind genauso uneben wie der letzte Punkt eines Liebesgedichts, das mit zwei Füllern geschrieben worden ist, nur sein kann.

Er zog seinen Ring aus und schaute sich die Inschrift genau an.

Suzanne

Ein tiefer Atemzug und er zog ihn glücklich wieder an.

Jannis Plastargias

AT KOZ

Warum ausgerechnet an diesem Sonntag alle Bäckereien geschlossen hatten, wird auf ewig eine Frage für mich bleiben, andere Dinge erschlossen sich mir allerdings später. „Mann, Alta, ich habe fett Hunger!", jammerte ich in Richtung Silas, meinem asketischen Mitbewohner, der mich mitgeschleppt hatte. Wir standen auf der Straße, die sich Senckenberganlage nennt, und an diesem Vormittag für den Verkehr gesperrt war. Inmitten von vielen weiteren Sensationslustigen warteten wir frierend auf die Sprengung des brutalistischen AfE-Turms. Samir, der neben Silas stand, schaute mich leidend an, wir beide hatten unsere Smartphones gezückt, um mitzufilmen, diesen wunderbar zerstörerischen Moment zu bannen – dabei wurden uns allerdings die Arme schwer.

Kaaaaaaaaaawuuuuuuuuuuuuuuuuuuuuuuuuuuuuuuuuuummm! machte es.

Wie rasch so ein Turm in sich zusammenfällt, dachten wir uns, wie er in ein paar Sekunden zu einer Staubwolke, die uns verbirgt, wird. Denn: natürlich sind wir bis ganz vorne an die Absperrung vorgedrungen, und auch nicht schnell genug wieder davon abgerückt. Samir hustet, ich feuere ihn an, sich zu beeilen, um endlich aus diesem Staub heraus und ins KOZ hineinzugehen, um etwas zu trinken und vor allem zu essen. Das Café KOZ ist eine studentische Einrichtung am Campus Bockenheim, selbstverwaltet, alternativ, viele verschiedene Veranstaltungen finden da regelmäßig in mehreren Räumen statt. Früher war auch das größte japanische Filmfest, Nippon Connection, dort beheimatet, unzählige Studentenpartys und Konzerte wurden und werden da veranstaltet.

Natürlich hatten die nichts da, so dass ich mir ein Bier nahm und auf nüchternen Magen trank, und bald danach auch noch ein zweites in mich hineinschüttete. Silas, Samir und ihre Partnerinnen saßen neben mir, auf der Bühne, neben fetten

Der Kurfürstenbrunnen mit Obelisk aus Mainsandstein (auf dem Kurfürstenplatz)

JUNGES BOCKENHEIM 173

Bockenheimer Statement gegen Nazis und Faschisten – Hammering Man am Hülya-Platz

Radioboxen. Ich war schon etwas angetüdelt, eh klar, und sagte alle zwei Minuten ich ginge gleich los, einen Döner holen. Ich stand aber nicht auf. Das tat ich erst, als ich eine Freundin erblickte, Steffi, die einen Jungen im Schlepptau hatte, Chris, ein wirklich total niedlicher, blonder Junge, kleiner als sie, kleiner als ich, mit skinny Jeans, Sneakers und einem bunten Skater-Mützenpulli bekleidet – auf Zwanzig schätzte ich ihn, vertat mich jedoch damit. Steffi sagte: „Chris hat heute Geburtstag! Er wird 24!" Ich schaute ihn an, näherte mich ihm, um ihm mit einer Umarmung zu gratulieren.

Kaaaaaaaaaaaaaawuuuuuuuuuuuuuuuuuuuuuuuuuuuuummmmmm! machte es nun erneut.

Doch niemand hörte etwas, ich bezweifle sogar, dass überhaupt jemand etwas davon mitkriegte. Es war sein Blick, den ich nicht einschätzen konnte – Schrecken, Furcht, Schüchternheit? Er ließ sich eher widerwillig drücken. In seinem Gesicht regte sich kein Muskel, als ich aufgedreht sagte: „Schau, das haben wir alles für dich geplant, extra zum Geburtstag. Eine Sprengung UND diese Party im KOZ. Only for you!" Steffi und er standen ein paar Minuten unentspannt neben uns, er wippte leicht mit den Füßen, sagte nach einer Weile, dass er sich auf die Suche nach mehr Alkohol mache. Ich schaute ihm nach und fragte mich, woher ich ihn kannte, denn ich war mir sicher, dass ich ihn schon einmal gesehen hatte. Als ich sah, dass der Blonde auf dem Weg Richtung Bar meinen Kumpel Gio traf, wusste ich es wieder. Ein paar Wochen zuvor hatte ich mich mit ihm auf einer Party unterhalten, dort hatte ebenjener mir Chris vorgestellt. Rückblickend fiel mir auf: An diesem Abend hatte ich bereits das Gefühl, ihm schon einmal begegnet zu sein – und er war damals auch schon so schüchtern mir gegenüber gewesen. Mir fiel aber kein Grund dafür ein. Ich hatte ihn weder doof angemacht noch schief angeschaut, nichts. Es fühlte sich merkwürdig an, und, ja, ein bisschen verletzte es mich.

Rasch trank ich mein drittes Bier aus und verabschiedete mich von meinen Freunden, um endlich Essen zu besorgen. Es wurde natürlich türkisches Fastfood. Als ich mittags um eins nach Hause kam, war ich schon total ruiniert und müde und legte mich erst einmal schlafen.

Ein paar Tage später saßen wir im Albatros. Wir waren eine größere Gruppe, Steffi war auch dabei, diesmal ohne Chris, dafür mit meinen engsten Freundinnen Kim und Helen. Ihnen erzählte sie gerade von der Sprengung und Chris' Begegnung mit mir. „Dem war es so peinlich, Philipp zu treffen!", sagte sie lachend zu den beiden. „Wieso?", fragte Kim irritiert nach. „Genau, wieso eigentlich?", bestätigte ich sie.

Kaaaaaaaaaaaaaawuuuuuuuuuuuuuuuuuuuuuuuuuuuummmm! macht es nun erneut.

„Na, zwischen Chris und mir läuft was", erklärte Steffi, „und deswegen ist es ihm peinlich, dass ihr beiden mal geknutscht habt." Sie schaute mich belustigt an. Erst in diesem Moment begann ich zu verstehen. Nach so langer Zeit fiel der Groschen, endlich.

Kim blickte mich interessiert an: „Sprich!"

Rückblende zu einem Abend ein paar Monate zuvor: Bereits damals wurde ich ins KOZ mitgeschleift, ich, der gar nicht mehr studierte. In dem Fall zu einer Party, die sich „Goethe gone wild" nennt, queer möchte sie sein, studentisch ist sie von Natur aus, obwohl sich an diesem Abend einige Menschen da bewegten, die sicher keine Studenten mehr waren. Meine Begleitung verlor ich bald an einen jungen hübschen Typen, doch das machte nichts, ich traf andere Freunde. Und ich kann mich auch alleine beschäftigen, wenn die Musik gut ist und ich tanzen kann. Ich war sehr aufgedreht, wirbelte durch die Gegend, Richtung Boxen, sah einen jungen Mann, der mich anlächelte. Ich lächelte erfreut zurück. Das ging die nächsten Minuten hin und her, ich spürte eine bestimmte Spannung zwischen uns, vielleicht war das aber nur der Alkohol. Plötzlich schrie mich der Junge an, fragte, ob wir kurz rausgehen könnten. Warum nicht, dachte ich, und folgte ihm nach draußen an die frische Luft. „Wir werden nicht ficken heute Nacht!", erklärte er mir nun: „Ich habe eine Freundin!"

Kaaaaaaaaaaaaaawuuuuuuuuuuuuuuuuuuuuuuuuuuuummmm! machte es schallend.

Erstaunen ist ein zu harmloses Wort, um mein Gefühl zu beschreiben, Schock ist vielleicht etwas zu theatralisch, etwas dazwischen war es wohl, und vielleicht am meisten: Irritation über eine solch merkwürdige Gesprächsführung. „Danke für die Info", reagierte ich cool, „aber tanzen geht, oder?" Er nickte und lächelte mich an. Na, dann habe ich doch keinen Druck, sah ich es positiv, nach wie vor etwas verwirrt ob dieser Ansage. Merkwürdig war allerdings, dass er mich weiterhin spannungsvoll anschaute, und als ich näher an ihn heran tanzte, irgendwann so nah, dass wir nicht mehr auseinanderzuhalten waren, störte er sich nicht daran. Im Gegenteil, er schmiegte sich an mich, was ich gut fand. Er ist gar nicht unbedingt mein Typ, ein bisschen zottelig, mit Wollmütze, langen Haaren, alternativ, Wollsocken, Klamotten aus diesen natürlichen Stoffen, nichts Böses dabei, kein H

& M oder so etwas. Freunde von ihm, Nick, kamen auf uns zu, tanzten mit. Dann beschloss er zu gehen und ich wollte ihn zur Tür begleiten, um ihn nach seiner Nummer zu fragen und zu küssen. Was er beides zuließ. Diese Geschichte endete, mein Abend der Aufregungen jedoch nicht. Denn: Einer von Nicks Freunden war Chris, und der übernahm einfach die Rolle seines Freundes, wirklich wahr. Er war etwas betrunken, so dass ich ihm vorschlug, mit mir an die Theke zu gehen. Ich besorgte ihm ein großes Glas Wasser und dann stellten wir uns an den Rand ans Fenster. Weil er etwas wackelig stand, nahm ich ihn, Gentleman der ich bin, in die Arme. Er kuschelte sich sofort an mich.

Sicher nutzte ich seine Situation aus, ich war betrunken, er noch etwas mehr, und vor allem ist er wirklich sehr niedlich. Er schaut einen mit seinen kindlichen, strahlenden Augen an und lächelt verschmitzt. Fahrradfahrer ist er noch dazu, einen guten Körper, sehnig, drahtig, hat er, also: ganz mein Geschmack. Ich begann, ihn am Hals zu küssen, ihn zu liebkosen – er hatte großen Spaß daran. Ein paar Minuten später tauchten ein paar Freundinnen von ihm auf, oder vielmehr seine Mitbewohnerinnen, und sagten: Wir nehmen ihn jetzt besser mit. Er nickte, küsste mich zum Abschied und flüsterte mir dann ins Ohr: „Das, was du gerade gemacht hast ... war schön!" Und ich konnte nur meine Visitenkarte rasch in seine Hosentasche stecken, bevor er mitgerissen wurde.

Er meldete sich nicht. Und ich vergaß ihn, also, besser gesagt: Ich vergaß, wie er aussah, aber nicht unser Kennenlernen. Merkwürdig. Wir trafen uns drei Mal, zwei Mal im KOZ. Helen und Kim amüsierten sich nicht nur über diesen Fakt.

„Teilt ihr ihn euch?", fragte Kim lachend. Steff antwortete, dass sie Chris nicht heiraten möchte, er könne tun, was er wolle, aber angesichts der Tatsache, dass es ihm so peinlich sei ... „Ja, sprich es nur aus, Steffi, du glaubst nicht, dass er Bock auf mich hätte. Macht aber nichts. Es würde schon reichen, wenn er einfach cool mit mir ist."

Sie schaute mich länger an: „Okay, ich sag es ihm!"

Zwei Wochen später, wieder das KOZ, Außenwelt-Festival nannte sich die Veranstaltung. Kim war verliebt in einen Typen, der da auftrat, und ich bin mit ihr hingegangen. Verrückte Menschen musizierten und tanzten in Ganzkörper-Kostümen auf der Bühne, sie glitzerten überall und man sah so gar nichts vom Schwarm, aber die Musik gefiel mir. Sie euphorisierte mich, ließ meine Gliedmaßen vibrieren und ich bewegte mich einfach irgendwie – es sah sicher reichlich merkwürdig aus, aber ich konnte es selbst ja nicht sehen.

Chris hätte es sehen können, denn er stand mit Nick sehr nah vor der Bühne. Irgendwann entdeckte er mich. Sie kamen zu uns, begrüßten mich, diesmal gar nicht so schüchtern, auch Chris nicht, sie stellten sich Kim vor, die mich daraufhin neckisch anlächelte. „Wie geht's deiner Freundin?", fragte ich Nick höflich. Mit einem bedauernden Lächeln sagte er, es gehe ihr hoffentlich gut, aber er habe sie eine Weile nicht gesehen – nicht nachdem sie sich von ihm getrennt hatte. Ich sagte ihm, dass es mir leid tue, doch er schüttelte den Kopf, sagte, es sei schon okay, wie es sei, und wendete sich dann Kim zu, während Chris mich fragte, ob wir uns kurz alleine unterhalten könnten.

„Es tut mir leid", sagte er leise. Ich schaute ihn lange an und dachte: Mein Gott, ist der süß, ich halte es nicht aus, wie süß! „Ist schon okay", erwiderte ich leichtfüßig. Doch er schüttelte energisch den Kopf: „Ist es nicht! Ganz sicher nicht. Mir war es vor Steffi peinlich, mir war es vor Gio peinlich, mir war es vor mir selbst peinlich. Dabei weiß ich gar nicht wieso."

Was sollte das jetzt? Ich lebe nicht gerne in Soaps, ich führe nicht gerne merkwürdige Gespräche, aber im KOZ scheint es keine andere Möglichkeit zu geben – oder wenn ich auf Nick oder Chris treffe. Ich wartete einfach ab, was als nächstes geschehen würde.

„Ich mag dich!", sagte er nun. Nur das! Er kam einen Schritt näher, führte seine Hände an meine, nahm sie und drückte sie ganz leicht. „Können wir danach noch woanders hin, nur du und ich?"

Kaaaaaaaaaaaaaawuuuuuuuuuuuuuuuuuuuuuuuuuummmm! machte es ohrenbetäubend.

„Warum jetzt, Alta?", fragte ich ihn einfach nur. „Du hattest meine Karte, Mann, du kennst meine Freunde. Du hättest mich so etwas schon die ganze Zeit fragen können. Warum jetzt?"

Er zuckte die Schultern: „Tut mir leid. Ich traue mich halt jetzt erst." Er sprach leise, und er schaute mich mit diesem Blick an – der war Antwort genug, auf all meine Fragen. Ich küsste ihn. Im KOZ.

Janine Drusche

Leise Liebe in Bockenheim

Da saß sie nun vor dem kalten Kaffee in ihrer Wohnung in der Leipziger Straße. Die Zigarette brannte unerbittlich herunter und der bittersüße Geschmack des Rauchs in ihrem Rachen brannte ebenfalls. Milchgeschmack – nur nicht so wie im ‚Berrys'. Die Zigarette danach. Aber wonach? Die Töne der Musik im Hintergrund. Bosse dudelte schnulzige Musik vor sich hin – die schnulzigste – aber auch die wahrste: „Dein Arzt hat gesagt, es ist okay, aber alles tut weh … Und deine Freunde sagen dir, es geht vorbei? Aber es geht einfach nicht so leicht." Wie wahr.

Vor einem dreiviertel Jahr hatte sich alles für sie geändert. Sie war nach Frankfurt gezogen, hatte all ihre Freunde hinter sich gelassen. Sie war eingetaucht in das Studentenleben und dann war er in ihr Leben getreten. Er, der ihr Gleichgewicht ins Wanken gebracht hatte. Der ihr enorm angewachsenes Selbstbewusstsein mit einem Blick zerstören konnte. Der in seinem jungen Alter alles richtig machte und die Illusion von der ganz großen Liebe wieder aufkeimen ließ. Der alle Vernunft und Verantwortung ihr selbst gegenüber mit einem Lächeln zunichte gemacht hatte und ihren mühsam aufgebauten Realismus – dass es die Kleinmädchen-Ideologie von dem einen wahren Mann gar nicht geben konnte, weil es eine Träumerei war – wieder in einen Wartesaal zum Glücklichsein gewandelt hatte. Er, der sie dazu brachte, den anderen drei Millionen weh zu tun – in der Hoffnung irgendwann irgendwo, vielleicht mit grauen Haaren und Schachbrett vor der faltengeprägten Nase, doch noch zu erleben, dass jede Liebe irgendwann ans Licht kommt.

Eine Liebe, für die sie hätte kämpfen können, als er noch nicht wieder auf sie getroffen war. Als er sie noch nicht behandelt hatte wie eine gute Freundin, mit der er über sie reden konnte. Als das Gefühl noch unbestimmt war. Ein Traum von der großen Liebe. Von gemeinsamer Freiheit. Normalität. Eigenständigkeit. Keine Verpflichtung und gerade deshalb diese Verbundenheit – dieses Vertrauen.

Ja, sie liebte ihn. Wenn sie gemeinsam im Niddapark lagen und den Himmel betrachteten. Wenn sie sich abends an der Warte trafen, um später gemeinsam in die Nacht zu ziehen. Wenn sie über die Leipziger schlenderten wie Verliebte, nur nicht Hand in Hand. Sie liebte, wie sie noch nie geliebt hatte. Und nicht weil es die Gegenwart war, in der sich das Aktuelle immer größer, liebevoller, weiter, hoffnungsvoller und echter anfühlt.

Er brachte sie der Realität immer ferner, wenn er sie mit seinen grünen Augen ansah. Wenn er sie durchschaute, ohne es zu merken, und immer wieder das Richtige tat. Um ihr zu zeigen, dass er von nichts wusste. Um ihr die Peinlichkeit zu ersparen, zu wissen, dass sie ihn liebte. Ein unausgesprochenes Geheimnis darüber, dass sie einander auf besondere Weise liebten. Brauchten. Und sie sich mit Freundschaft zufrieden gab – was er brauchte, um sie nicht zu verlieren. Denn auf eine spezielle Art und Weise liebte er sie auch. Das wusste sie. Und das wusste auch er – denn er sagte und zeigte es ihr jeden Tag aufs Neue.

Sie war eben da. Nur um nicht angreifbar zu sein, nur um ihre Freundschaft nicht zu gefährden. Solange ihr Leben Rock'n'Roll war, konnte sie ihn leise lieben. Immer wieder damit aufhören. Dachte sie. Und immer wieder feststellen, dass Liebe eben doch kein Rock'n'Roll ist. Dass sie den Lippenstift nur noch zur Tarnung trug. Dass sie ihre Prinzipien nur noch verfolgte – Party im KOZ bis in die Morgenstunden, im Exzess mit dem Jungen von nebenan knutschen, aber niemals weitergehen – um sich selbst zu beweisen, dass sie eigentlich gar nicht mehr an die große Liebe zu dem Einen glaubte. Dass die Idee von der Bestimmung natürlich nur eine Illusion war. Das hatte sie doch eigentlich schon lange begriffen. Aber er, er traf sie mitten ins Herz, schaltete immer wieder ihr Gehirn ab. Hoffnung. Immer wieder diese Hoffnung, dass er irgendwann verstehen würde, dass sie eigentlich füreinander bestimmt waren.

Egal wie es ausgehen würde in der Seifenblase der Zukunft: Ob sie nie zueinander finden würden, weil er sie einfach nicht so liebte wie sie ihn. Oder weil sie zu feige war, ihm zu sagen, wie sehr sie ihn liebte. Ob sie irgendwann platzen und es ihm sagen würde und er es absichtlich falsch verstehen würde, um sie als Freundin nicht zu verlieren. Oder gar aus allen Wolken fallen und sie fragen würde, warum sie denn vorher nichts gesagt hätte. Vielleicht hätten sie eine Zukunft. Doch dann würde sie doch wieder in alte Muster verfallen. Sie würde eine Zeit lang glücklich sein mit ihm und dann wieder nach links und rechts gucken. Sie würde sich nebenbei wieder in andere vergucken, sich vorstellen, wie es wäre, mit dem anderen tollen Mann zusammen zu sein. Vielleicht würde sie ihn am Ende verletzen. Vielleicht würde sie aber auch ihre Prinzipien über Bord werfen und so werden, wie sie nie hatte sein wollen: gesellschaftlich angepasst, eifersüchtig. Beleidigt, wenn er ihr nicht genug Aufmerksamkeit schenkte.

Nein, sie führten die perfekte Beziehung. Schließlich glaubten sie beide aufrichtig an Freundschaft zwischen Mann und Frau. Ja, sie waren ein Paradebeispiel dafür.

Und ja, sie wollte ihn keinesfalls verlieren. Diesen Menschen, der ihr bewies, dass da etwas ganz Besonderes zwischen zwei Menschen existieren konnte. Sie würden einander nie verlieren müssen.

Sie liebten, aber sie waren auch realistisch. Sie wussten, dass sie sich nicht einschränken lassen wollten. Aber was überlegte sie da überhaupt? Er wollte sie ja. Vielleicht für immer, da eine Freundschaft nicht so sehr zum Scheitern verurteilt war wie eine Beziehung.

So entschied sie sich, lieber bei Bosse zu bleiben und der Hoffnung hinterher zu hängen, dass „So oder so" jede Liebe ans Licht kommen wird. Er hatte ihr dieses Lied nahegebracht und er wäre mit ihr zum Konzert in der neuen Batschkapp gegangen. Aber das Konzert war ausverkauft. Vielleicht wäre es ihm dort wie Schuppen von den Augen gefallen, dass er sie die ganze Zeit über geliebt hatte. So wie es in Hollywood-Kitsch-Filmen immer läuft. In diesen Filmen – bei denen der Zuschauer genau weiß, dass es so im echten Leben eigentlich nie abläuft. Sie begegnen sich im Job, beim Studium, auf einer Party. Dann kommen sie sich näher und beschließen, Freunde zu sein. Oder sie küssen sich und werden glücklich bis an ihr Lebensende. So ist das im Film.

Mit ihm konnte sie sich so herrlich lustig machen über die spießigen Leute, die eine Klischee-Beziehung führen. In der sie am Ende heiraten, Kinder kriegen und in einem Haus mit Garten und Hund versauern.

Aber bei ihnen würde es anders sein. Ihre Freundschaft plus funktionierte nicht so einfach – schon gar nicht auf Dauer. Und so träumte sie ihr Leben: Aber sie tröstet sich derweil mit einem anderen, weil sie nicht mehr daran glaubt, dass er sie jemals so lieben würde, wie sie ihn. Sie lenkt sich ab, obwohl sie immer wieder spürt, dass sie ihn einfach nicht vergessen kann – komme was wolle. Aber er trennt sich schließlich von ihr. Weil er jetzt begriffen hat, dass er sie liebt. Und sie? Sie tröstet sich mit dem anderen, weil er jetzt den Mund nicht aufmacht – so wie sie vorher, als sie stillschweigend gelitten hatte. Aber das hatte er ja nicht gemerkt. Und dann sind sie beide auf dem Trichter Freundschaft. Und daran klammern sie sich.

Und dann schenkt er ihr Karten für ihre gemeinsame Musik. Er hat sie irgendwo aufgetrieben, extra für sie. Für seine gute Freundin. Und dann kommt der Moment: Ihr Lied, das, was sie schon die ganze Zeit verbunden hat, wird gespielt. Und sie hält es einfach nicht aus und will weg. Aber er lässt es nicht zu, hält sie fest. Sie brüllt ihn an, dass er nichts verstehe. Und er, er streicht ihr eine Haarsträhne aus dem Gesicht, schaut ihr in die Augen und fragt sie, ob sie eigentlich überhaupt nichts verstehen wolle. Dann ist sie verwirrt, ihr laufen Tränen über die Wange. Und er umfasst ihr Gesicht mit der rechten Hand, die linke wandert an ihre Hüfte und dann zieht er sie zu sich, damit seine Lippen die ihren endlich küssen können. Und dann sagt er liebevoll: „Du Dummerchen!" Im Hintergrund läuft ein fröhliches Lied und das ist der Anfang einer wunderbaren Zeit. Ohne Stress. Ohne Einschränkung. Und ohne Druck. Und schließlich wird klar, dass es die ganz große Liebe doch gibt und dass sie nur gefunden werden muss – ohne nach ihr zu suchen natürlich.

Aber wir sind eben nicht in Hollywood, sondern in Bockenheim. Und er liebt sie eben nicht. Jedenfalls nicht so, wie sie ihn. Und so sitzt sie nun vor ihrer Zigarette. In ihrem Studentenviertel mit den vielen Möglichkeiten und hat aus der ganzen Geschichte nichts, aber auch gar nichts gelernt. Denn in dieser ach so realistischen Frau steckt schließlich doch nur ein kleines Mädchen, das den Lippenstift am Ende des Tages vielleicht gar nicht mehr benutzen will.

Ein Ufo? Nein, spektakuläre Perspektive auf den Europaturm. Obwohl im Volksmund „Ginnemer Schbarschel" genannt, steht er auf Bockenheimer Territorium

Kunst in Bockenheim –
Graffiti in der Juliusstraße

184 KAPITEL 6

Anna Honecker

Begegnen in Bockenheim –
auf dem Kurfürstenplatz & in der Nachbarschaft

Tagebucheintrag
29.6.2013

Heute hat der Wecker schon um 6 Uhr morgens geklingelt, was auch egal war, denn ich habe eh' die ganze Nacht nicht schlafen können, zu aufgeregt hatte ich schon seit Wochen diesem Tag entgegen gefiebert….

Heute würde das große Nachbarschaftsfest stattfinden und hoffentlich hatten die Leute auch BOCK uff' EN HEIMisch Fest.

Angst hatte ich, ob all die Kritiker vielleicht Recht behalten sollten und die Zeit viel zu knapp und die Nummer viel zu groß für mich war.

Und dann auch noch dieser Regen…, – es hatte immer noch wie aus Eimern geschüttet als die Helfer auf dem Kurfürstenplatz dazustießen…, ihren zweifelnden Blicken begegnete ich zuversichtlich und motivierend, – es sollte mir niemand ansehen, dass ich selber zweifelte, „Würde sich die ganze Arbeit der letzten Wochen gelohnt haben", fragte ich mich immer und immer wieder … jetzt hatte es kein Zurück mehr gegeben, jetzt hatte es durchhalten und stark bleiben geheißen. Bei Regen und Matsch hatten wir die Zelte aufgebaut, die Restaurantbetreiber und Vereinsstände waren nach und nach dazugekommen und wollten ihren Platz zugewiesen bekommen. Die Stimmung war trüb, wie das Wetter. Und dann war sie endlich gekommen -die so sehnlichst erwartete Sonne. Der Park füllte sich mit Leben. Kinder spielten und lachten, Leute tanzten zur Musik oder stöberten in der Flohmarktecke nach neuen Büchern. Für mich war es wie ein Endorphin-Rausch oder wie Wutzdog, nur ohne LSD sich wohl anfühlen musste. Alle waren glücklich.

Eine Woche nach dem Bockenheim Fest am 29.6.13 auf dem Kurfürstenplatz, machte ich mich für drei Monate nach Mittelamerika auf. Zuvor war es eine Achterbahn der Gefühle gewesen; viele Momente der Verbundenheit und des Glücks machten dabei die Höhen aus, andere, wie ein Generator-Diebstahl, sorgten für die Tiefen. Gerade zurück aus Mittelamerika, werde ich mit einem Brief meines Vermieters/

der GWH konfrontiert, der mich auf die Beseitigung von Flohmarktresten im Keller hinweist. Ein wenig besorgt und angespannt öffne ich die Haustür zur Großen Seestraße hin, als eine Nachbarin, die gerade mit ihrem Hund Gassi geht, mich anspricht. Sie freut sich, mich zu sehen, fragt, wie es mir ergangen ist und kommentiert, wie schön das Fest gewesen war. Als ich ihr von den wegzuschaffenden Materialien berichte, erzählt sie von dem netten Nachbarn zwei Häuser weiter, der vielleicht noch Platz im Keller hätte. Ein wenig verschämt meine ich noch, keinen Fremden um die Belagerung seines Kellers bitten zu wollen, als sie bereits an dessen Fensterscheibe klopfte. Ein freundlich daher guckender Mann öffnet die Tür und hört aufmerksam dem Bericht der Nachbarin zu, als er wie selbstverständlich seine Hilfe und Unterstützung anbietet. Nicht nur, dass dieser Moment ein weiteres Mal jegliche Vorurteile gegenüber der Stadt und ihrer zwischenmenschlichen Kälte und Anonymität bestritten hätte, des Weiteren war dies vor allem der Beginn einer wunderbaren und dankenswerten Freundschaft und Nachbarschaft in der Großen Seestraße ☺

Gerald A. Maier

Ein Bayer in Bockenheim

Merkwürdig sei er schon gewesen, der Anton, gestand ich meiner Freundin Sabine, aber das unterscheide ihn doch kaum von anderen Männern. Wahrscheinlich würde ich nie ganz verstehen, was damals passiert war.

„Wie habt ihr euch eigentlich kennengelernt, Susanne?", wollte sie wissen.

Nun, angefangen hatte alles beim Leipziger Straßenfest. Ich war da mit zwei Frauen, die ich vom Yogakurs in der Sportfabrik kannte. Schon mittags beim Bieranstich auf der Sparkassenbühne hatte ich das Gefühl, dass mich ein großer, hagerer Typ fixierte. War nicht eindeutig zu erkennen, weil er eine Sonnenbrille trug. Aber so was spürst du. Wir sind dann durch die Straße geschlendert, aßen köstliche Puf-Pufs bei den afrikanischen Frauen und tranken später Cappuccino bei der Kaffeerösterei Stern.

Abends waren wir auf der Suche nach guter Musik im Hinterhof der Galerie Hake gelandet, wo ein älterer, recht beleibter Sänger mit bluesiger Stimme begleitet von einer etwas gelangweilt wirkenden jungen Blondine am E-Piano unsere Songs aus den Siebzigern und Achtzigern sang.

„Susanne, hier sind wir richtig", rief mir Barbara gutgelaunt zu, die mir im Kurs geholfen hatte, endlich den Sonnengruß stimmig hinzubekommen. Kurz darauf beobachtete ich, wie der Typ vom Bieranstich zur Pianistin ging und sich ein Lied wünschte. Was erklang? „Suzanne" von Leonhard Cohen! Ich schloss meine Augen. Als ich diese wieder aufschlug, sah ich direkt in seine mittlerweile unbebrillten Pupillen. Er stand vielleicht zwei Meter entfernt. Und lächelte. Ich zurück, ohne nachzudenken. Schüttelte den Kopf. Er nickte. Barbara sprach mich an, ich drehte mich zu ihr um – und als ich wieder nach ihm schauen wollte, war er weg. Schade eigentlich, ging mir durch den Kopf, aber der Blickflirt hatte auch was.

Gegen Mitternacht wollte ich alleine heimgehen, war ja nicht weit. Als ich fast meinen Hauseingang erreicht hatte, bemerkte ich, dass mir jemand entgegen kam. Klar, er.

„Hallöchen", flötete er.

„Aber hallo", entgegnete ich etwas unwirsch, „verfolgst du mich?"

Er murmelte etwas von Zufall, dass das aber ein Zeichen wäre. „Ich heiße übrigens Anton – und du?"

„Na, das weißt du doch."

Er wurde vermutlich rot, war nicht eindeutig zu sehen im Straßenlaternenlicht. Grinste: „Stimmt." Kurzes Schweigen. „Und was kommt jetzt?", fragte ich, etwas schief lächelnd.

Er: „Sex."

Ich: „Ach."

Er: „Sorry, ist nur eine Möglichkeit."

Ich: „Zu schnell."

Er: „Klar. Erst mal noch einen trinken gehen?"

Ich: „Maximal noch einen Absacker bei mir."

Er, am Haus hoch schauend: „Gut. Welches Stockwerk?"

Ich: „Nur das erste." So ging ich mit diesem ominösen Mann, der ungefähr in meinem Alter war, in meine Wohnung. Dort tranken wir einen Jägermeister. Zwei, weil auf einem Bein steht man schlecht. Und aller guter Dinge waren drei, Flasche war auch leer. „Now, did you have sex with this man, Anton X., Misses President?"

„No, not in this night, I swear ..."

Morgens weckte mich ein donnerndes Geräusch, wie so oft. Die Müllabfuhr, die die Tonnen polternd durch den Hausflur wuchtete. Aber doch nicht am Samstag. Nein, kam von oben, also Flugzeug. Sonne scheint, Wind weht aus der falschen Richtung, Flieger starten in der Ausweichroute über Bockenheim. Wann ist nochmal die nächste Fluglärm-macht-krank-Demo? Und wo ist eigentlich dieser Mann von heute Nacht? Oder alles nur geträumt?

Stand auf, Kopf schmerzte. Sweatshirt über geworfen, kratzte etwas auf nackter Haut. Vorne im Wohnzimmer stand er am Fenster. Stellte mich hinter ihn.

Er: „Faszinierend dieser Ausblick."

Ich: „Wieso?"

Er: „Kannst der Straße beim Aufwachen zusehen. Beim Bäcker hat gerade eine dunkelhäutige Verkäuferin die Schütten mit Semmeln gefüllt."

Ich: „Kommst du etwa aus dem Süden?"

Er: „Oberstorf."

Ich: „Geil. Ein Bayer in Bockenheim."

Er: „Die beiden Penner auf den Bänken, liegen die immer da?"

Ich: „Im Sommer ab und zu. Hast du ein Problem damit?"

Da kamen ein paar Jugendliche ins Bild, die wie auf Kommando die Kapuzen ihrer Pullis hochzogen. Sie gingen auf einen der schlafenden Obdachlosen zu. Einer trat ihn in die Seite, ein anderer griff seine Füße und zerrte ihn von der Bank. Ein weiterer verpasste dem auf das Pflaster gefallenen einen Tritt ins Gesicht.

Anton erstarrte. Schüttelte sich, fragte: „Hast du einen Stock oder was Ähnliches?"

„Nur meinen Ritualstab, aber ..." Ich zeigte auf eine Zimmerecke.

Er schnappte ihn sich, rannte barfuß in Unterhose und T-Shirt die Treppe hinunter. Kurz darauf sah ich ihn unten über die Straße hechten, den Stab schwingend auf die Prügelgruppe zustürmen. Den ersten der Jungs erwischte er am Kopf, den zweiten im Rücken. Die anderen beiden stürzten sich von hinten auf ihn. Ich öffnete das Fenster, schrie, sie sollten aufhören, warf einen Rosenquarz, verfehlte aber knapp mein Ziel. Anton rang mit seinen beiden Angreifern, der Obdachlose schrie vor Schmerz. Da tauchten mehrere türkisch aussehende junge Männer auf, die zuerst zögerten, sich dann auf die Kapuzenjungs warfen. Ein Martinshorn der Polizei ertönte, die Schläger versuchten abzuhauen, Anton und seine Retter konnten aber zwei von ihnen festhalten. Längeres Nachspiel mit Aussagen machen im grünweißen Bus, Anton vom Sanitäter versorgen, zum Glück nur Schürfwunden. Dank vom Clochard, wie ihn meine Eltern genannt hätten. Schätze, in diesen Minuten muss ich mich wohl in ihn verliebt haben, in diesen bayrischen Helden.

Nach der geschlagenen Schlacht kam er noch kurz hoch zu mir, trank einen Kaffee, zog sich an, küsste mich ziemlich ausgiebig – und verschwand.

Erst drei Wochen später bekam ich freitags eine SMS. „Hi Susanne, könnte morgen bei dir vorbeischauen. Passt das? LG Anton."

Und was habe ich geantwortet, ohne lang zu überlegen: „Klar, passt. Freu mich. Susanne." Musste meinen geplanten Saunatermin mit Barbara absagen, putzte die Wohnung, ich weiß, völlig bescheuert, aber er kam wirklich, nicht nur einmal, ich auch, ja, wir hatten Sex und zwar richtig guten. Anton hatte im Sommer an einem Tantra-Seminar in der Toskana teilgenommen und ich war, wie er sich ausdrückte, die erste Nutznießerin außerhalb der damaligen Gruppe. Diesmal blieb er sogar bis Montag. Und da wir auf dem Weg in den Grüneburgpark bei der Villa Merton vorbeigekommen waren und ich erzählt hatte, darin befände sich ein stadtbekanntes Gourmetrestaurant, das aber einfach zu teuer wäre, lud er mich zum Abschluss der wunderbaren gemeinsamen Tage, wie er es nannte, zum Lunch dorthin ein.

Morgens ging ich ins Büro, weil ein wichtiges Meeting stattfand, mittags trafen wir uns vor dem großen Eisentor der Villa. Zu seiner schwarzen Jeans trug er ein mausgraues Sakko, das er sich am Vormittag bei Wormland gekauft hatte. Ein wenig erstaunt war ich, dass er trotz der herbstlichen Kühle seinen Mantel nicht anhatte. Ich trug mein altes auberginefarbenes Strickkleid, das ich morgens aus den Tiefen meines Kleiderschranks hervorgekramt hatte. Zusammen mit meiner neuen schwarzen Lederjacke wirkte es nicht zu angepasst an diesen Altkapitalistentempel, fand ich. Die Jacke wurde mir am Eingang abgenommen, ein stilvoll gekleideter Ober brachte uns zu den für Herrn Böck, so hieß er also mit Nachnamen, reservierten Tisch. Besonders beeindruckend fand ich, neben Antons katzengrünen Augen, die Qualität des Essens. Die Hauptspeise bestand aus einer in Steinklee gebratenen Ente, wie der Kellner erläuterte, der ständig Wein und Wasser nachschenkte. Dazu wurde Spitzkohl und Bärlauch gereicht. Das alles schmeckte so lecker, dass ich meine gewisse Unsicherheit ob des Zweisternerestaurants eine Zeit lang gar nicht mehr spürte. Durch die Fenster blickte man in eine parkähnliche Anlage, in der sich sogar ein Tennisplatz befand.

„Wer darf wohl dort spielen?", fragte ich.

„Nur die Mitglieder des Union Clubs International, der im ersten Stock residiert", antwortete mein Begleiter.

„Woher weißt du das?"

Er: „Ich habe vor langer Zeit mal zwei Jahre für eine Unternehmensberatung gearbeitet, die oben mehrere Räume gemietet hatte.

Ich: „Du kennst das hier also?"

Er: „Das Restaurant weniger. Da dinierte damals nur unser Chef mit wichtigen Kunden. Und wir sahen beim Blick aus dem Fenster die Frauen und Kinder der Clubmitglieder im Sommer im Pool planschen, den gibt es nämlich auch noch. Wir Mitarbeiter allerdings mussten schwitzen, denn eine Klimaanlage gab es in unserem Bereich nicht."

Mittlerweile hatten wir den letzten Gang vertilgt, eine Gourmet-Variante des urhessischen Handkäs mit Musik.

Ich: „Dekadent ist das schon."

Er: „Durchaus. Und nachdem unser Chef überraschend gestorben war, mussten wir auch raus dort."

Ich: „Schade eigentlich."

Er: „War schon okay, ich bin dann bei einer anderen Beratungsfirma in München als Partner eingestiegen."

Ich: „Deshalb kannst du dir so was leisten."

Er, zögernd: „Naja, ab und zu. Muss übrigens dringend um die Ecke, die viele Flüssigkeit." Er zwinkerte mir zu und ging Richtung Ausgang. Ich wartete. Trank noch etwas Wein. Nach einer Weile auch den letzten Schluck, der sich noch in der Flasche befand. Wurde unruhig. Er kam einfach nicht zurück. Dafür wurde unaufgefordert die Rechnung gebracht. Ich zuckte zusammen, kramte sechs Fünfziger aus meiner Tasche, zahlte und nahm am Ausgang meinen ganzen Mut zusammen, um den freundlichen Angestellten, der mir die Jacke reichte, zu fragen, ob mein Begleiter schon gegangen wäre. Der habe bereits vor ungefähr zwanzig Minuten schnellen Schrittes das Haus verlassen. Und ich hatte keine Adresse. Scheißtyp. Logisch, dass die Handynummer auch nicht mehr funktionierte. Prepaid.

Einige Wochen gingen ins Land, genauer gesagt, in die Stadt. Ich hatte diese peinliche Episode und ihren Verursacher fast schon erfolgreich verdrängt, als mir auf der Sparkasse beim Durchblättern meiner Kontoauszüge etwas Ungewöhnliches auffiel. Da war ein Eingang von 300 Euro mit diesem Text verzeichnet: „Sorry. Für unseren schönen Merton-Lunch. Anton." Was war das denn? Vor allem – wie kam er an meine Kontonummer? Eine ältere Dame sprach mich an, ob mir nicht gut wäre. Nun, stammelte ich, das wäre schwer zu sagen, ob das nun gut wäre oder nicht. Damit verließ ich den Raum.

Nach weiteren drei Wochen kam die irgendwie zu erwartende SMS von einer unbekannten Nummer: „Kannst du mir verzeihen? Bin nächste Woche in der Stadt und kann dir alles erklären. Herzlich, Anton."

Dieser Arsch, dachte ich – und schrieb zurück: „Du Mistkerl. Komm du mir nur unter die Augen."

Seine Antwort: „Gerne. Wann?"

Eine Stunde später, ich: „Okay, morgen 19 Uhr im Stattcafé."

Eigentlich hatte ich keine Lust auf eine große Aussprache. Was sollte das auch, wo wir uns gerade einmal drei Wochenenden kannten und ich fast nichts von ihm wusste. Leider hatte ich kurz vorher ein Buch über die Kraft der Vergebung gelesen und war nicht völlig auf Krawall gebürstet. Das Stattcafé war mein Heimspiel. Ich saß auf meinem Stammplatz am Fenster, konnte ihn so schon sehen, wie er mit zögernden Schritten auf den Eingang zuging. Stellte fest, dass er sich in der Zwischenzeit einen Vollbart hatte wachsen lassen. Sah verwegen aus. Als er drinnen mit gesenktem Kopf auf mich zukam, löste ich kurz meine verschränkten Arme, um ihm die Hand zu geben. „Lass deine Demutshaltung und sag lieber, was dich geritten hat, dir eine solche Unverschämtheit zu erlauben", forderte ich ihn auf. Etwas erleichtert fing er an zu erzählen. Wie er nach dem Kauf des Sakkos, das er mit seiner Kreditkarte bezahlt hatte, nochmal zur Bank gegangen war, um Geld abzuheben. Was erst zu einer Fehlermeldung und beim zweiten Versuch zum Einzug der Karte führte. Und als er bei seiner Sparkassenfiliale anrief, hätten sie ihn darauf hingewiesen, dass sein Kreditrahmen ausgeschöpft wäre.

„Aber um Gottes willen, wieso hast du mir das nicht einfach gesagt?", wollte ich wissen.

„Das war mir total peinlich, schließlich hatte ich dich eingeladen. Wollte es dir im Merton sagen, packte es aber nicht, bekam Panik und haute ab. Tut mir unendlich leid." Wie ein kleiner Schulbub, der das große Strafgericht erwartet, saß er da.

Ich musste laut lachen. „Lass gut sein, ich vergebe dir", sagte ich in versöhnlichem Ton, „aber natürlich nur auf Bewährung."

Da grinste er. „Bevor du fragst – die Kontonummer stand auf einer Rechnung, die auf deinem Schreibtisch lag. Die hatte ich fotografiert, weil mir die etwas persönlichere Gestaltung gefiel."

„Und sag mal, wo wohnst du überhaupt?", wollte ich noch wissen. Und er erzählte, dass er keinen festen Wohnsitz hätte, seit er vor einem halben Jahr bei der Beratungsfirma gefeuert worden war. Weil er direkt danach in einer Art Kurzschlusshandlung seine Wohnung gekündigt hatte und mit der Abfindung erst einmal für zwei Monate nach Thailand geflohen wäre. Wieder zurück hätte er sich durchgeschlagen, wäre bei Freunden und bei seinen Eltern im Allgäu untergekommen.

„Und zwischendurch auch bei mir", fügte ich hinzu.

„Ja, das hat mir wieder Hoffnung gegeben. Hatte auch schon überlegt, nach Berlin zu gehen, aber das ist öd, da wollen alle hin. Außerdem finde ich Frankfurt viel cooler. Richtige Skyline, total international, aufgeschlossene Menschen und nicht so gigantomanisch."

Ich: „Du willst jetzt aber nicht bei mir einziehen?"

Er: „Platz hättest du ja."

Ich: „Warum nicht." Kaum ausgesprochen, hätte ich mir am liebsten auf die Zunge gebissen. Wie schaffte er es, mich so schnell wieder aufzuweichen?

Er blieb die nächsten Tage. Und Nächte. Die schön waren, vertraut, nah. Hatte mich nach meiner Trennung von Heiko vor zwei Jahren bei aller nach außen demonstrierten Souveränität des Singleseins schon nach jemandem gesehnt, der da ist, wenn ich abends heimkomme, im Bett neben mir liegt, wenn ich morgens aufstehe.

Am folgenden Adventssonntag wollte er unbedingt zum Bernuspark, da er in einem Frankfurt-Führer gelesen hatte, dass dort früher ein Schloss gestanden hätte, das im Krieg zerstört und nicht wieder aufgebaut worden war. Deshalb auch der Name Schlossstraße für eine der profansten Straßen der Stadt.

Wir wählten den Weg über den Kurfürstenplatz, wo früher, als Bockenheim noch eigenständige Stadt war, das Rathaus gestanden hatte, über die stillgelegten Straßenbahnschienen mit der Nur-bei-grün-der-Kinder-wegen-Ampel bis zur Werrastraße, die direkt auf den gesuchten Park zu führte. Obwohl es erst früher Nachmittag war, verdunkelten schwarze Wolken den Himmel. Der Wind frischte auf.

„Sollen wir nicht besser umdrehen?", fragte ich besorgt.

Er: „Nein, das muss jetzt sein." Vor dem Eingang zu der Grünanlage war eine hohe Gitterabsperrung angebracht, ein Schild wies darauf hin, dass der Park zurzeit saniert würde. Anton ließ sich nicht aufhalten, schob das Gitter auf die Seite und zog mich mit hinein. Mittlerweile tobte ein veritabler Sturm, der die Gipfel der Platanen zum Tanzen brachte. Er küsste mich.

„Keine Angst!", schrie er gegen das Unwetter an. „Alles wird gut." Er ließ meine Hand los, stürmte in Richtung der Brücke, die über den kleinen Weiher in der Parkmitte führte. Auf der anderen Seite war schemenhaft eine Gestalt zu erkennen, hell leuchtend, mit wehenden Haaren. Anton lief auf sie zu, mehrfach „Amalie" rufend, wenn ich das in dem Orkan richtig gehört habe. Er ergriff ihre Hand und wurde im selben Moment mit ihr gemeinsam in einer Art Windhose nach oben gesogen. Fast zeitgleich krachte ein riesiger Ast auf mich herab und mir wurde schwarz vor Augen.

Als ich im Notarztwagen liegend wieder zu mir kam, war meine erste Frage: „Anton?"

Und die Antwort des Sanitäters: „Da war niemand bei Ihnen, als ein junges Paar Sie im Park gefunden hat. Sie haben großes Glück gehabt, dass Sie nur mit einer Gehirnerschütterung davon gekommen sind."

Überflüssig zu erwähnen, dass Anton seitdem nicht wieder aufgetaucht ist. Aber wer weiß …

BOCKENHEIM ROCKT

Bockenheim rockt

Hanna Rut Neidhart

O-W-G – Gräfstraßen-Rap

19-68
Gräfstraße 8
vier Zimmer Küche Bad
vier Leute drin, und statt
dem einen, der den Indien Trip
angetreten hat
auf seinem Tourenrad
zieh ich jetzt endlich in die Stadt
habe die Familie satt
neugierig auf das Le-
ben in der WG

Den Uni-Bau
seh ich von hier genau
Bel-Etage, Spießertraum,
Balkon an jedem Raum
Rückenlage, Stuckdekor
viel zu schaun
da draußen blüht ein Baum
ich seh die Amseln Nester baun,
Mach lieber Fotos, lerne kaum
so war erst mal das Le-
ben in der WG

Kurz vor acht
bin ich längst aufgewacht
die Küche liegt im Sonnenschein
ich muss da jetzt mal rein
Ein Spinnentier bewegt ein Bein,
oh! es ist nicht allein
da rennen Käferlein
das müssen Kakerlaken sein
zum Glück sind sie ja ziemlich klein
lebendig ist das Le-
ben in der WG

Voll Abscheu
denn sowas ist mir neu
fülle ich mir Kaffee ab
der ist schon wieder knapp
wo ich ein Pfund gestiftet hab
erst gestern Vormittag!
nehms Messer her, schrapp schrapp
kratz Mettwurst von der Butter ab,
der Honigtopf ein Fliegengrab
Pech für den Gourmet
in der WG

nächste Tür
schier übel wird mir hier
zeig Contenance, schau drüber hin
weil ich gleich draußen bin
Donnergroll und Laterin,
Kultur ist tot hier drin.
sobald ich fertig bin
entflieh ich, und der Widersinn
von Anspruch hier
und Dreck hoch vier
nagt am Renommé
der WG

den ganzen Tag
schreib ich ein Referat
ich bin kaputt und sehne mich
danach dass jemand spricht
mit mir, doch so jemand seh ich nicht
verwaist der Küchentisch
aber dort brennt Licht.
ich klopfe an, WER IST DA? – ich!
Köpfe schütteln, Türen dicht
was soll ich hier? Ich geh

aus der WG
zwei WGs weiter
bin ich gescheiter
mit Leuten zieh ich in ein Haus
Putzpläne hängen aus
wir säen Salat und Blumen aus
doch bald will ich nur raus
das ist ja alles gut und schön
doch ich muss andre Wege gehn
zwischen Pflicht und Chaos
ich nehm Reißaus

10 Jahre drauf
hörts immer noch nicht auf
die dritte und die Viert-WG
taun weg wie nasser Schnee.
die Miete fehlt, das Portemonnaie
zu schmal – ade WG
ein Küsschen noch für die Idee
vom Leben in der Societé
und ich geh we-weg hasta
la vista – und basta

Andreas Asendorf

Die Festhalle rockt!

Neulich in der Bockenheimer Festhalle: One night with Deep Purple! Und ich war dabei. Nach ein paar neuen Stücken verlangte das Publikum die alten 70er Jahre-Songs. Es dauerte nicht lange, und der Saal begann zu toben. Es war wie ein Sog. Die Erinnerung zog mich mit in die 70er Jahre wie die Gitarrensoli von Ritchie Blackmore. Damals, als die Festhalle zum Tempel of Rock wurde. Der Startschuss fiel im Jahr 1970 mit niemand geringerem als Led Zeppelin. Vorher gab es dort nur ganz pragmatisch Sportveranstaltungen, Revuen, Messen und Firmenveranstaltungen. Doch dann kamen „Lippmann und Rau" sowie „Mama Concerts", die nichts anderes wollten als Jazz und Rock nach Frankfurt zu holen. Von Bockenheim aus strahlten fortan die Sterne des Rock'n Roll in die gesamte Region wie Grand Funk, Pink Floyd, Jethro Tull, Ten Years After, Emerson Lake & Palmer, Santana, Alice Cooper, The Who, Chuck Berry, Rolling Stones, Genesis, David Bowie, Queen, Yes, Eric Clapton, Status Quo, AC/DC, Ritchie Blackmore's Rainbow, Kiss, Bruce Springsteen und viele mehr. Der Himmel war nah, wenn diese Größen sogar zwei Mal im Jahr auftraten, zumindest aber alle paar Jahre diesen Flecken gerockt haben. Mein erstes Konzert war AC/DC mit Whitesnake (David Coverdale) als Vorgruppe. Was für eine phänomenale Kombination. Etwas später kam dann Ted Nugent in die Festhalle. Seine Musik und seine Bühnenshow ging mir durch und durch. Ich probierte seine Posen zu Hause im stillen Kämmerlein und feilte daran. Natürlich rannten wir in die ersten Reihen direkt vor die riesigen Wände aus Lautsprecherboxen, die es damals noch gab, als wollten wir uns jetzt und hier alles aus dem Leib pusten lassen.

In den 90ern nahmen die Veranstaltungen enorm zu und die Palette an Künstlern pendelte zwischen Kastelruther Spatzen, Bon Jovi, Tina Turner, Peter Maffay, Mike Oldfield und Iron Maiden. Die Türen öffneten sich für die breite Masse, denn jeder konnte etwas nach seinem Geschmack finden. Vom guten alten Rock verabschiedeten sich viele von der Bühne oder kamen nur noch selten auf Tour.

Im Jahr 2008 hat die ehrwürdige Festhalle ihren 100. Geburtstag gefeiert und galt in der gesamten Zeit als einer der größten Hallen in Deutschland. Doch ab und zu, wenn die verbliebenen Giganten des Rocks erneut dem Ruf der Bockenheimer

Bühne folgen, gibt es sie wieder, diese Momente der druckvoll hämmernden Glückseligkeit. Das bis heute einzige spürbare Verfahren einer Zeitmaschine.

Und da landete ich wieder im Hier und Jetzt. Beim Konzert von Deep Purple. Und ich fragte mich, wie man mit den alten Gitarrentricks nach über 40 Jahren immer noch so viel Erfolg haben konnte. Es war wie eine Odyssee durch die gute alte Rockgeschichte. Ich dachte an John Lord (Gott hab ihn selig), Ritchie Blackmore (macht nur noch Barockmusik), an Jimmy Page oder Robert Plant. Nachdem ich vor einigen Monaten Meat Loaf auf der Bühne quasi „sterben" gesehen hatte, fühlte ich hier, dass der Rock doch weiterleben wird. Mein Credo ist und bleibt: Traue nur Bands, die mindestens 30 bis 40 Jahre Rockgeschichte vorweisen können und die du schon zigmal in Bockenheim in der Festhalle live gesehen hast!

Gerald A. Maier

Bock auf Bockenheim

Ich hab so Bock, Bock auf Bockenheim
Kommt mir vor als käm ich heim, heim
Und das reimt sich schön auf Reim, Reim
Ich geh dir wieder auf den Leim, Leim

Vor 20 Jahren schon mal hier gewesen
Firmen als Berater die Leviten gelesen
Und mittags auf der Leipziger gegessen
Über Jahre dann fast völlig vergessen

In Bad Nauheim, Bonn und auch Berlin
Oft die Frage gestellt: gehör ich da hin?
Brauch keine Hauptstadt, neu oder alt
Erst recht keine Kur, das lässt mich kalt

Ich hab so Bock, Bock auf Bockenheim
Kommt mir vor als käm ich heim, heim
Und das reimt sich schön auf Reim, Reim
Ich geh dir wieder auf den Leim, Leim

Nach zwei Jahrzehnten endlich zurück
Fühlt sich an wie 'ne große Dosis Glück
Coming home after a long farewell
Hier ist alles so herrlich multikulturell

Unter mir der Asia- und der Hessenshop
Über Herkunft macht man sich kein Kopp
Was zählt ist nicht Gott oder Klamotten
Hier macht man selten dicht die Schotten

Ich hab so Bock, Bock auf Bockenheim
Hier bin ich jetzt daheim, wieder daheim
Und das reimt sich schön auf Reim, Reim
Der Widerstand steckt hier im Keim, Keim

Keiner, der das Paradies gefunden hat
Junge Moslems ziehen in den Dschihad
Vor dem Zalando pennen Obdachlose
Schenk dem Bettler 'n Euro und 'ne Rose

Gentrifizierung heißt eine der Gefahren
Doch unseren Mix wollen wir bewahren
Aber mit Stadtteilladen, Mut und Exzess
Wehren wir uns sanft oder mit Stress

Ich hab so Bock, Bock auf Bockenheim
Hier bin ich jetzt daheim, wieder daheim
Und das reimt sich schön auf Reim, Reim
Ich geh dir so gern auf den Leim, Leim

Edgar Born

Sprechstunde bei Doctor Flotte

Doctor Flotte ist kein Urologe, auch kein Internist. Doctor Flotte ist eine Institution. Ein Ort, wie er selten geworden ist. In Bockenheim, Ecke Gräfstraße/ Leipziger, gegenüber der Bockenheimer Warte gelegen, existiert die Alt-Berliner-Kneipe (so steht es auf dem Schild über dem Eingang) seit gefühlt hundert Jahren. Und seitdem hat sich nichts geändert.

Wenn es nirgends mehr etwas zu trinken gibt, geht man ins Flotte und trifft garantiert auf Gleichgesinnte, die am Tresen über ihrem Pils, ihrem Schoppen oder ihrem Hütchen sitzen. Beim Eintreten fühlt man sich an John Carpenters „The Fog – Nebel des Grauens" erinnert. Man sieht die Hand vor lauter Rauch nicht, doch langsam tauchen unheimliche Gestalten an der Theke auf. Es riecht nach abgestandener Säuferseele und kalter Muschi. Rotwein-Cola. Hier gibt es nichts, was es nicht gibt. Oder wie der Frankfurter sagen würde: Hier gibts nix, was es ned gewwe dut.

Vor allem wird man hier noch freundlich ignoriert. Wenn man nicht Stammgast ist, dauert es eine gefühlte Ewigkeit, bis sich die Bedienung dazu herablässt und einem dann ihre Frage direkt in die Fresse schnauzt: „Was derfs sei?"

Als Eigeplackter hat man es hier besonders schwer. Als ich vor vier oder fünf Jahren zum ersten Mal hier war, fiel mir im Nachtrausch ein Gast um den Hals. „Mir hawwe gewonne. Drei Null ... Champions League!", schrie er, als sei es das Letzte, was er je sagen würde.

Ich wusste nicht, wie mir geschah, lernte jedoch schnell: Krieg auf der Krim, die NSA oder Pegida, Islamischer Staat oder Charlie Hebdo sind und waren im Flotte schon immer wursch. Nur mit einem Thema kriegst du den Flottegänger und da versteht er auch keinen Spaß: die Eintracht. Womit wir beim Fußball wären. Wenn der Adler fliegt und siegt, befindet sich das Flotte ruck-zuck im offensiven Wellengang und wenn der Alex, unser Meier, ein Tor schießt, ist erhöhte Tsunamigefahr angesagt. Auch für die Kehle.

„Enoi demit!" Das kann den Ball ins Fußballtor meinen oder aber das Pils in den Rachen.

Hier versteht man sich. Nicht immer auf Anhieb. Aber mit der Zeit wird's besser.

Hier versoff schon so mancher seine nächste Eintrittskarte ins Waldstadion. Apropos: Einige Hardliner schlossen sich 2005 zusammen und kämpften für den legendären Stadionnamen. Mit Lottospielen an der Bockenheimer Warte und dem Millionengewinn wollte man den Namen Waldstadion zurückkaufen. Wer weiß, auf welche Idee der nächste kommt. Den Flotteianern ist alles zuzutrauen.

Die Thekengespräche sind selbst für hartgesottene Naturen mitunter schwer verdaulich. Neben mir am Tresen sitzen Heini und Karl.

„Heini, isch schwörs der. Morsche schick isch se zum Deiwel."

„Ei wen dann?", fragte Heini nach.

„Ei mei Ald dehaam", antwortete Karl. „Die geht mer sowas von uff en Senkel. Des is unerträschlich geworde."

„Un wer kocht morsche dei Esse? Wer wäscht dei Socke und wer stoppt der se?"

„Haste aach widder recht. Prost!"

Verdaulich sind allemal die Getränke. Ein Phänomen: Im Flotte kannst du alle Arten und Formen an Trinkern antreffen. Der einsame Trinker, der noch niemals in all den Jahren am Tresen mit einer anderen Person ein Wort gewechselt hat, außer mit der Bedienung. Der Spaßtrinker, der sich ,Atemlos durch die Nacht' trinkt, dabei im Rhythmus swingt und dem sich später in der Nacht die Pforten der ,Hölle, Hölle, Hölle' öffnen. Der melancholische Trinker, der sich zur Not an einem Glas über Stunden festhalten kann und seinen Weltschmerz zu ertränken versucht. Der apokalyptische Trinker, der keine Gnade zu kennen scheint und selbst Hochprozentiges literweise reinpumpt. Der notorische Alkoholiker, der nach drei Bier bereits im Tremenz liegt und sich nur noch lallend dem Zapfenstreich entgegen saufen kann. Der Schluckspecht, der alles wegkippen kann und doch nie umkippen wird. Der junge Trinker, der entweder verzweifelt ist, weil er keine Frau hat oder sich Mut antrinken muss, um endlich eine kennenzulernen. Der alte Trinker, der entweder geschieden oder ewiger Junggeselle ist. Der Gewohnheitstrinker, der das Flotte sein Wohnzimmer nennt und der Jobtrinker, der auf ein Feierabendbier

Wandel überall – einst Uni-Parkplatz, heute Appartements und Gewerbe (am Bockenheimer Depot)

Die „Leipziger" im Frühling

hereinschneit und sich dann nie wieder blicken lässt. Nicht zu vergessen der Anti-Trinker, der sich eine Cola bestellt und über all die anderen lästert.

Und dann natürlich noch der Eintracht-Trinker, der jeden Sieg auf der Groß-bildleinwand verfolgt und mit Bier oder Ebbelwei begießt. Und jede Niederlage erst recht. Ein Unentschieden ist das Schlimmste, was einem Eintracht-Trinker passieren kann.

„Sie da!", schrie Heini unterdessen einen Mann an, der nur drei Schritte weiter verdächtig lange und wie verloren an der Theke stand, offensichtlich weil er zahlen wollte, aber niemand sich um ihn zu kümmern schien. „Des is e Kneip un kaan Parkplatz! Setz disch uff dein Bobbes wie annern Leut aach!"

„Odder willste e Lokalrund gewwe?", schaltete sich Karl ein und grinste wie ein Honigkuchenpferd.

Der Mann blickte die beiden irritiert und zusehends nervöser werdend an. „Ich, äh ... also ...", stotterte er.

„Schwätze is aach ned sei Ding!", kommentierte Heini.

„Da hawwe mer was gemeinsam", sagte Karl. Die beiden stießen mit ihren Pilstulpen an.

„Enunner demit!", erwiderte Heini. „Isch hab vielleischt en Dorscht heut!"

Zu guter Letzt muss ich noch eine Lanze fürs Flotte brechen. Es heißt ja immer, wenn man in Frankfurt was erleben wolle, müsse man ins Bahnhofsviertel gehen. Da gäbe es noch die guten alten Absturzkneipen und die hippen und die abgefahrenen auch. Die seien ja so verrucht und so ... kiezmäßig. Und überhaupt: das Rotlicht, die Eros-Center, der Straßenstrich.

Die Wirklichkeit jedoch ist eher deprimierend.

Wenn du aber im Flotte an der Theke hockst, labert dich keine abgetakelte Pro-fessionelle zu, es will dir auch kein rumänischer Crack-Dealer auf der Straße was andrehen, es verirrt sich auch nur selten ein von unseren Steuergeldern lebender Banker hinein und du musst, wenn du später zur U-Bahn willst, nicht über Junkies steigen.

Das Flotte schwimmt in ruhigen Gewässern. Ahoi, Dr. Flotte!

Autoren

Angelika Angermeier, 1962 in München geboren, Aufenthalte in Italien und Griechenland, Innenarchitektin und PR-Referentin, lebt seit 1988 in Frankfurt Bockenheim.

Andreas Asendorf, Dipl. Betriebswirt, Jahrgang 1965, beschäftigt sich seit vielen Jahren mit der Musik- und Gastro-Szene in Frankfurt. Er lebt in Frankfurt/M.

Mia Beck studierte Germanistik und Kunstpädagogik an der Goethe-Universität und mag Apfelwein, Handkäs und Farin Urlaub. Sie arbeitet als freie Texterin, Lektorin und Deutschlehrerin in Frankfurt und Berlin.

Gisela Becker, Jahrgang 1946, Diplompädagogin, engagiert sich seit Jahrzehnten in Bürgerinitiativen für Umwelt, Soziales und Mobilität. 9 Jahre Stadtverordnete, 8 davon der FlughafenAusbaugegner, zum Schluss in der Fraktion Die Linke im Römer (2002-2011). Lebt in F-Westend.

Helmer Boelsen, Jahrgang 1925, fast 60 Jahre als Sportjournalist tätig, seine besondere Liebe galt und gilt dem Radsport, begleitete neben Olympischen Spielen und Fußballweltmeisterschaften 45mal Radweltmeisterschaften und 30mal die Tour de France, verlor dabei aber nie den lokalen Radsport aus den Augen und ist in jedem Jahr beim Radsporttermin 1.Mai in Frankfurt dabei. Lebt mit seiner Frau in Neu-Isenburg, eine Tochter, drei Enkel und drei Urenkel komplettieren die Familie.

Edgar Born. Ruheständler. Eingeplackter Bockenheimer seit 2006.

Suzanne Lisa Cadiou, Jahrgang 1992, Lehramtsstudentin, Slam Poetin, Polyglott, engagiert sich ehrenamtlich, um Menschen das Schreiben und Spielen mit Worten näherzubringen.

Isabella Caldart, Jahrgang 1986, Literaturwissenschaftlerin, schreibt für das Journal Frankfurt und verschiedene Onlinemagazine. Nach längeren Aufenthalten in Barcelona, San Sebastián und Mexico City ist sie wieder in ihre Geburtsstadt Frankfurt zurückgekehrt und verfasst, wenn es die Zeit zulässt, gerade ihren ersten Roman (www.isabellacaldart.de).

Edeltraut Damerow, wohnhaft in Bockenheim. Mit 70 im lebhaften Unruhestand. Vor Ort politisch und gesellschaftspolitisch engagiert. Besondere Vorlieben: Kurzprosa und Lyrik bei Gelegenheit.

Arri Dillinger, Jahrgang 1949, als Sonderpädagogin in Schule und Psychiatrie gearbeitet, schreibt manchmal Erzählungen, ist regelmäßig aber in einer kleinen Buchhandlung in Bockenheim zu finden.

Janine Drusche, M.A., Jahrgang 1985, Journalistin, Autorin und Bloggerin, lebt und arbeitet in Bad Vilbel und Frankfurt.

Walther Dunkl, Dipl. Ing. Architekt, geb.1927 in Graz, Österreich Mitarbeiter Universitätsbauamt FFm von 1952 – 1964. Akademischer Direktor im Ruhestand, lebt in Waiblingen

Hans Eckert, Jahrgang 1961, Bibliothekar an der Universitätsbibliothek Johann Christian
Senckenberg Frankfurt am Main. Lebt in Rüsselsheim.

Volker Erbes, aus Idar-Oberstein stammend, wohnhaft in Bockenheim. Studium der Philosophie bei Ernst Bloch in Tübingen und Th. W. Adorno in Frankfurt, Promotion bei
Alfred Schmidt. Veröffentlichungen u. a. „Die Blauen Hunde" (Suhrkamp), „Die Spur
des Schwimmers" (Andere Bibliothek, Eichborn), „Pumaschuh" (Haffmans), „Ein Blues
für die Lady" (mainbook).

Torsten Gaitzsch, Jahrgang 1981, lebt seit 2011 in Frankfurt-Bockenheim, wo er als Redakteur
beim Satiremagazin TITANIC tätig ist. Einmal hat er drei Eichhörnchen gleichzeitig auf
einem Baum gesehen.

Stefan Geyer, 1953 in Ratingen geboren. Halb-Berliner mit Frankfurter Genen. Buchhändler,
Verlagsmensch, Herausgeber. Letzte Veröffentlichung: Frankfurter Wegsehenswürdig-
keiten, FFM 2014

M. I. Grant, irrlichtert seit 1991 – mit schmerzhaften Unterbrechungen – durch Bockenheim
und Umgebung.

Frauke Haß, Jahrgang 1965, M.A. Theaterwissenschaft, Journalistin, leitet die Pressestelle
des Deutschen Filmmuseums, Frankfurt

Manfred Hofacker, Autor und Zeitzeuge, so z. B. zum 100. Geburtstag der Franke-Schule.
13 Jahre ehrenamtlicher Betreiber einer Metall-Werkstatt an der Bürgermeister Grimm-
Schule. Prüfer von ca. 70 Schülerinnen/Schülern zum Hauptschulabschluss.

Anna Honecker, Jahrgang 1990, Studentin der Ethnologie, Soziologie und Erziehungswis-
senschaft, Schwester und Tante, engagiert sich seit 2011 in Bockenheim, wurde 2013
Stadtteilbotschafterin für Bockenheim (ein Stipendium der Stiftung Polytechnische
Gesellschaft Ffm) und gründete 2014 den – bald gemeinnützigen – Verein *Begegnen in
Bockenheim* e.V. mit. Sie lebt, liebt und arbeitet in Bockenheim.

Ruth Krämer-Klink, Apothekerin und seit 1988 Wahl-Bockenheimerin. Sie engagiert sich
seit Jahren mit ihren Bockenheim-Kalendern und ist Mitautorin des Buches „Geschäfte
machen in Frankfurt – konjunkturunabhängig"

Sabine Koeppe, Jahrgang 1966, aufgewachsen in West-Berlin, München und bei Hamburg,
hat in Hamburg Volkswirtschaftslehre studiert. Im Sommer 2000 hat sich ihr Lebens- und
Arbeitsmittelpunkt nach Frankfurt verlagert. Sie wohnt seit fast 15 Jahren im Stadtteil
Bockenheim.

Claudia Kreipl, Prof. Dr., Jahrgang 1967, Wirtschaftswissenschaftlerin, Gesundheitsexpertin,
Autorin. Sie lebt in Osthessen und ist Bockenheimerin im Herzen.

Ursula Krenz, geboren 1926 in Frankfurt am Main, wohnt seit 34 Jahren in der Zeppelin-Allee.

Peter Kurzeck (10.6.1943 – 25.11.2013), Schriftsteller, hat von 1977 bis Mitte der 1980er Jahre in Bockenheim gelebt und diese Zeit vor allem in seinem autobiografischen Romanzyklus „Das alte Jahrhundert" beschrieben: *Übers Eis*, Stroemfeld/Roter Stern, 1997. *Als Gast*, Stroemfeld/Roter Stern, 2003. *Ein Kirschkern im März*, Stroemfeld/Roter Stern, 2004. *Oktober und wer wir selbst sind*, Stroemfeld/Roter Stern, 2007. *Vorabend*, Stroemfeld/ Roter Stern, 2011. *Bis er kommt* (Romanfragment), Stroemfeld/Roter Stern, 2015

Gerald Alexander Maier, Jahrgang 1963, seit 2014 wieder zurück in Frankfurt (Bockenheim!). Unterwegs als Diplompsychologe, Coach und Schriftsteller – der erste Roman steht vor der Veröffentlichung.

Jeffe Mangold, guter Jahrgang, abgebrochener Germanist, ungebrochener Optimist im Glauben an eine gerechtere Welt ohne BILD, kämpft dafür als freier Texter, Kreativdirektor und Autor, von Frankfurt oder als Hobby-Landei vom Spessart aus.

Irmgard Naher-Schmidt, Jahrgang 1946, Realschullehrerin für Deutsch, Französisch, Religion und Ethik. Besuch der Städel-Abendschule, Mediation und Friedenserziehung nach Rosenberger, jetzt im Ruhestand in Frankfurt. Schreibt Gedichte, Mundart und Troll- Geschichten und malt dazu Aquarelle.

Hanna Rut Neidhardt. Erste Frankfurter Wohnung 1968 in Bockenheim. Jagt und sammelt Bilder und Geschichten. Erzählt Märchen, publiziert Bücher, stellt aus. Lebt und arbeitet in Frankfurt am Main.

Nostalgiekarte.de: Irina Sturm, 1977 in Frankfurt am Main geboren, Grafikdesignerin und Tilman Krömmelbein, 1975 ebenfalls in Frankfurt geboren, Künstler und Lektor, leben in Bockenheim. Dort haben sie ihren Traum von einem kleinen Verlag für Kunst- und Ansichtskarten verwirklicht. Unter dem Namen NOSTALGIEKARTE veröffentlichen sie ihre Werke. Das sind Frankfurter Stadtansichten – andere Ansichten, die durch ihre sensible Kolorierung unsere Stadt in einem besonderen Licht erscheinen lassen (www.nostalgiekarte.de)

Dominique Petre (48), Journalistin aus Brüssel, wohnt gern in Bockenheim – mit ihrer Familie und ohne Gott.

Paul Pfeffer, Jahrgang 1948, Autor und Musiker, lebt seit 1984 in Kelkheim am Taunus und engagiert sich für die Regionalkultur. Schreibt seit 1992 vorwiegend Gedichte und Geschichten. Kulturpreis der Stadt Kelkheim 2006.

Jannis Plastargias, geboren 1975 in Kehl am Rhein, lebt und arbeitet in Frankfurt. Er ist dort als Autor, Herausgeber, Blogger und Kulturaktivist tätig.

Regula Portillo, 1979, studierte Germanistik an der Universität Fribourg/Schweiz. Sie verbrachte mehrere Jahre in Norwegen, Nicaragua und Mexiko. Heute lebt sie in Frankfurt am Main und arbeitet als freie Texterin und Autorin.

Inoszka Prehm, Lady of Camster, Jahrgang 1942, engagiert in eigener niedergelassener Psychosozialen Praxis für Transgender, Schwertraumatisierte und Asperger-Autisten. Wird „Seelendoktorin" genannt. Promovierte Germanistin. Früher Journalistin und Surrealistin, mehrere Ausstellungen, jetzt Cartoonistin. Veröffentlichung: „Inoszka Prehms (Tier-) Leben". Lebt und arbeitet in Frankfurt-Bockenheim.

Christian Viets. Am 26. Januar 1966 in Lima/ Miraflores geboren, seitdem lebt er heimatvertrieben in Bockenheim.

Tanya Zehnpfund, B.A., Diplom-Übersetzerin, Jahrgang 1970, hat sich nach längeren Auslandsaufenthalten in den USA, Irland und Frankreich sowie kurzen Abstechern in Süddeutschland vor 16 Jahren in Frankfurt-Bockenheim niedergelassen, wo sie mit ihren Kindern lebt und auch arbeitet.

Otto Ziegelmeier, Jahrgang 1960, Publizist in Off- und Onlinemedien, engagiert sich in Bockenheim und mit Bockenheim-Aktiv.de. Er lebt und arbeitet zumeist in Frankfurt-Bockenheim.

Helen Esther Zumpe, Dr. phil., Erziehungswissenschaftlerin, Jahrgang 1973, seit 2003 Wohn-Haft in Frankfurt, „AGH" im Stadtteilbüro Bockenheim 2014, zurzeit erwerbslos.

Fotografen

Georg Christian Dörr, geboren 1973 in Lich. Nach mehrjähriger Assistenz bei verschiedenen Fotografen im In- und Ausland arbeitet er seit dem Jahr 2000 als freier Fotograf in Frankfurt. Georg Christian Dörr ist Mitinhaber des Fotostudios LUMEN. Er arbeitet hauptsächlich in den Bereichen Architektur- und Still-life-Fotografie.

Enrico Sauda, Jahrgang 1971, Germanist, freier Journalist und Fotograf. Wohnt und arbeitet in Frankfurt (www.enricosauda.de).

Quellen

Abdruck der Texte „In Bockenheim, in Frankfurt am Main. Das Jahr 1984" von Peter Kurzeck (Seite 43) mit freundlicher Genehmigung des Verlages Stroemfeld/Roter Stern.

Quellen: *Übers Eis*, Stroemfeld/Roter Stern, 1997. S. 53 (Kapitel 5 Anfang bis S. 56)

Als Gast, Stroemfeld/Roter Stern, 2003. (S. 225, Absatzbeginn bis S. 227)

Ein Kirschkern im März, Stroemfeld/Roter Stern, 2004. (S. 86 Seite oben bis S. 92 Absatzende oben)

Oktober und wer wir selbst sind, Stroemfeld/Roter Stern, 2007. (S. 51 Absatzbeginn bis S. 54 Absatz)

Zum Text „Elfenbein & Nilpferde" von M.I. Grant (Seite 104)

1 Kutschera, U.: Das Reale und Verbale in den Wissenschaften, Laborjournal online (19.8.2008) http://www.laborjournal.de/editorials/320.lasso

2 Kutschera, U.: Design-Fehler der Natur. Alfred Russell Wallace und die Gott-lose Evolution. Lit-Verlag Berlin 2013

3 Kutschera, U.: Tatsache Evolution. Was Darwin nicht wissen konnte. 2.Auflage, dtv München 2009

4 Beyer, A.: Was ist Wahrheit? In: Kutschera, U. (Hrsg.): Kreationismus in Deutschland. Lit-Verlag Berlin 2007.

5 Beyer, A. (2005): Wissenschaft im Rahmen eines Schöpfungsparadigmas? beyer-a.de/paper/creation&science_(beyer).pdf

Bildrechte

© Volker Erbes (Bilder auf den Seiten 45, 46, 57, 60, 69, 70, 77, 78)

© Georg Dörr (Bilder auf den Seiten 12, 17, 26, 83, 84, 95, 125, 126, 131, 148, 183)

© Enrico Sauda (Bilder auf den Seiten 11, 18, 25, 96, 105, 106, 121, 122, 132, 143, 144, 147, 173, 174, 184, 203, 204)

© Nostalgiekarte.de (Bild auf den Seiten 58/59)

© Inoszka Prehm (Illustrationen auf den Seiten 157, 158)

Lese-Zeichen Bockenheim e.V.

Uns gibt es seit 2003, und seit 2004 betreiben wir gemeinsam mit der Stadtbücherei Frankfurt die kleine, schöne BockenheimBibliothek in der Kurfürstenstraße 18 im Hinterhaus.

Dazu kam es, nachdem 2003 in einer nächtlichen Magistratssitzung die Schließung von vier Frankfurter Stadtteilbüchereien beschlossen wurde, so auch Bockenheim.

Wir in Bockenheim haben den Kampf nicht gescheut und sind deshalb eine Partnerschaft mit der Stadt Frankfurt eingegangen, mit dem Ergebnis der BockenheimBibliothek.
Hier setzen wir seit mehr als 10 Jahren unsere Vereinsziele um.
So unterstützen wir durch ehrenamtliche Arbeit das städtische Personal bei der Bibliotheksarbeit, arbeiten mit Kindergartengruppen, organisieren Lesungen u.v.m.

Für unseren Verein suchen wir immer neue Mitglieder, sowohl zur aktiven Unterstützung unserer Arbeit als auch als Fördermitglieder und Sponsoren.

Spenden an uns sind steuerabzugsfähig.

Zu erreichen sind wir über unsere Vereinswebseite:
www.lese-zeichen-bockenheim.de und selbstverständlich in der BockenheimBibliothek

Öffnungszeiten: Dienstag 13 - 19 Uhr, Mittwoch und Freitag 14 – 18 Uhr

Lese-Zeichen Bockenheim e. V.

Der erste Roman aus dem Nachlass von Peter Kurzeck:

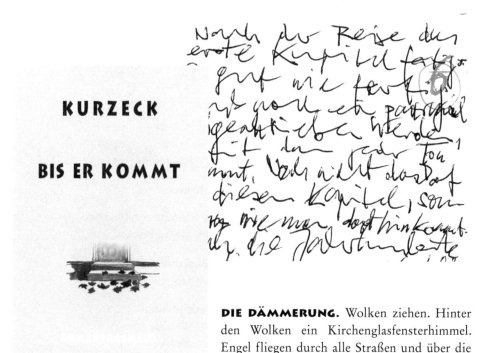

KURZECK

BIS ER KOMMT

DIE DÄMMERUNG. Wolken ziehen. Hinter den Wolken ein Kirchenglasfensterhimmel. Engel fliegen durch alle Straßen und über die Kreuzungen. Jetzt holst du Sibylle und Carina ab und dann gehst du mit ihnen heim.

Peter Kurzeck
Bis er kommt
Romanfragment
Aus dem Nachlaß hrsg. von
Rudi Deuble und Alexander Losse
374 S., geb., Fadenheftung
ISBN: 978-3-86600-090-2

Mit Notizen und Entwürfen,
Handschriftenabbildungen und Dokumenten

In allen guten Buchhandlungen und über
unseren Mail Order-Vertrieb.

Stroemfeld

Holzhausenstraße 4
60322 Frankfurt am Main
www.stroemfeld.com
info@stroemfeld.de